DANIELA GIES

70 ist mein neues 100

DANIELA GIES

70 ist mein neues 100

Wie ich Schwäche in mein Leben ließ und so zu neuer Stärke kam

Druck und Bindung des vorliegenden Buches erfolgten in Deutschland

Die Deutsche Bibliothek verzeichnet diese Publikation in der Deutschen Nationalbibliografie; detaillierte bibliografische Daten sind im Internet über www.d-nb.de abrufbar

Umschlaggestaltung: spoon design, Olaf Johannson
Umschlagabbildung: KI, Shutterstock.com
Lektorat: Diana Schmid, schmid-text.de
Satz und Herstellung: Edition Wortschatz

Edition Wortschatz Neudorf bei Luhe
ISBN 978-3-910955-11-0, Bestell-Nr. 588 911

www.edition-wortschatz.de

EDITION WORTSCHATZ

Inhalt

Vorwort

Es ist mir eine Ehre, dieses Vorwort zu schreiben.

Daniela Gies gelingt in ihrem Buch nämlich eine mutige, echte und authentische Auseinandersetzung mit der Erschöpfung als Frau, Mutter sowie Pastorenfrau. Sie zeigt auf, wie wir nach außen hin fleißig sein können, unser Leben scheinbar im Griff haben und jede Menge Erwartungen erfüllen, während es in unserem Inneren doch ganz anders aussehen kann.

In Ihrem Buch berichtet sie, wie sie diverse Mythen und ungesunde Vorstellungen abgelegt hat und mutig heraustrat, neue Schritte wagte. Dabei verlor sie ihren Glauben nie aus den Augen.

Dieses sehr persönliche Buch von Daniela Gies wird für viele Leserinnen und Leser eine Hilfe und Ermutigung sein, weil – wenn wir ehrlich sind – viele von uns an genau denselben Stellen zu kämpfen haben.

Ich wünsche dir den Mut, deine eigenen Fragen und Themen anzugehen!

Liesel Scharnowski
Seelsorgerin und Systemische Beraterin

Meine Biografie

Das liebe Kind

Ich bin in einem Pastorenhaus mit drei Geschwistern groß geworden. Nach meinen beiden älteren Brüdern bin ich das erste Mädchen gewesen. Diese Position hatte ich siebeneinhalb Jahre inne, bis dann noch meine Schwester auf die Welt kam. Abgesehen von allen Höhen und Tiefen, die in einer Familie vorkommen und normal sind, würde ich meine Kindheit als schön und behütet bezeichnen. Ich habe mich geliebt und beschützt gefühlt. Meine Mutter sagte einmal über mich, dass ich ein sehr liebes Kind gewesen sei und auch in der Pubertät so gut wie keine Probleme bereitet hätte. Sicher würde sie das auch heute noch so beteuern. Und in der Tat – so kann ich mich selbst kaum an Situationen erinnern, in denen ich richtige Probleme mit meinen Eltern gehabt hätte. Durch die Grundschule kam ich sehr gut hindurch, war ebenso dort als stets „liebes Kind" bekannt. In der höheren Schule wurde es schon schwieriger. Doch meistens habe ich mich durch die schweren Zeiten „hindurchgebissen" und auch dort meinen Weg gemeistert. Statt Abitur zu machen, habe ich das Gymnasium allerdings nach der zehnten Klasse verlassen. Durch ein Freiwilliges Soziales Jahr durfte ich recht schnell meinen späteren Beruf der Erzieherin kennenlernen. Mit Beginn meiner Ausbildung lief es dann auch wieder recht reibungslos ab. Ebenso die spätere Familiengründung konnte ich (mit Gottes Hilfe) gut bewerkstelligen. In der Gemeinde, in der mein Vater Pastor war, war ich von Anfang an aktiv im Geschehen – begann dort schon als 16-Jährige meine Mitarbeit im Kindergottesdienst sowie in der Jungschar – und übernahm mit der Zeit immer mehr Verantwortung. Schließlich leitete ich sogar irgendwann den ganzen Bereich der Arbeit mit Kindern in der Gemeinde und baute diesen kontinuierlich aus. In der Gemeinde hatte ich meinen Stand. Dort war ich ebenso immer die „liebe" und starke Danny, die wenig Hilfe von außen brauchte und ihren Weg schon selbstständig meistern würde. Ich muss dazusagen, dass ich all diese Dinge wirklich aus ganzem Herzen getan habe und auch von Gott her in diesem Bereich meine Begabung und Berufung sehe. Gemeinde war und ist immer etwas, das zu meinem Leben dazugehört. Die Persönlichkeit, die andere von mir wahrnahmen bzw. immer noch wahrnehmen, ist auch nicht gespielt. Ich denke, dass Gott mir wirklich eine offene, herzliche und freundliche Art geschenkt hat.

Die andere Seite der Medaille

Nun hat naturgemäß jede Persönlichkeit immer positive und negative Seiten. So gab es auch bei mir noch andere Anteile. Hier erinnere ich mich, dass ich früher zu Nachbarskindern, die ich nicht so mochte, wirklich gemein sein konnte. Da konnte ich so manche Gemeinheit austeilen, was mir heute noch leidtut. Jedwede Gemeinheit habe ich natürlich heimlich begangen, weil ich ja schließlich nach wie vor das „liebe" Mädchen war und bleiben bzw. als solches wahrgenommen werden wollte. Mir kommt noch eine ziemlich unschöne Begegnung mit einer ehemaligen Lehrerin in den Sinn, die darunter leiden musste, dass ich einmal nicht brav und lieb sein wollte. Falls sie diese Zeilen lesen sollte, entschuldige ich mich nun nachträglich bei ihr dafür.

In meinem Elternhaus gab es diesen einen Satz, der sich als sehr prägend für mich und meine Biografie bewahrheiten sollte:

„Was sollen denn die anderen denken?"

Gerade weil wir eine Pastorenfamilie waren und deshalb eine gewisse Vorbildfunktion hatten, war es das Wichtigste, bloß nicht negativ aufzufallen und stattdessen möglichst lieb und angepasst zu sein. Niemand sollte etwas Schlechtes über uns denken bzw. sagen können. Die Gemeinde und die dortigen Aufgaben genossen zudem eine sehr hohe Priorität; dieser mussten wir uns und unsere Bedürfnisse unterordnen. Alles in allem hat sich, wie schon beteuert, die Leidenschaft meiner Eltern für Jesus und sein Reich positiv auf mich ausgewirkt. Doch dieser Druck, der immer latent auf mir gelegen hat – dass ich lieb und stark sein sollte –, hat mich doch mehr belastet, als mir damals klar gewesen ist. Deshalb gab es auch manchmal den ein oder anderen kleinen „rebellischen" Anflug wie etwa den Versuch, von daheim abzuhauen (allerdings hatte ich es nur bis unten kurz vor unsere Haustür geschafft – was daran lag, dass mir meine Mutter nachgegangen war und mich ermutigt hatte, wieder nach Hause zu kommen). Folgeschlüssig gab es für mich somit einen Tag, an dem ich zu meiner Mutter sagte: „Ab heute bin ich kein braves Mädchen mehr!"

Es läuft doch alles wieder

Im Nachhinein waren diese Situationen wohl eher zum Schmunzeln, doch drückten sie ein tiefes Bedürfnis aus, auch einmal schwach, bedürftig und unangepasst sein zu dürfen! Das haben damals jedoch weder mein Umfeld noch ich selbst richtig verstanden, da es sich nur um kleine, vereinzelte Situationen handelte, und mein Leben danach relativ unkompliziert weiterlief. Doch je älter ich wurde, umso öfter fühlte ich mich von anderen ausgenutzt. Meine Grenzen wurden übertreten. Ich wurde immer müder und erschöpfter und fragte mich, was denn bloß mit mir los sei. Wie ironisch das anmutet, dass ich dann auch noch einen Mann heiratete, der kurze Zeit später Pastor wurde. Somit lebte ich das Pastorendasein ein zweites Mal! Da ich, wie gesagt, darin grundsätzlich auch meine Berufung sah, gab ich mich voller Elan in diese Aufgabe hinein, brachte mich voll und ganz in alle Bereiche mit ein. Mein Mann erzählte mir, dass ihm in seinem Umfeld für mein Engagement Respekt entgegen gebracht wurde. In der Zwischenzeit waren wir Eltern von drei gesunden, lebhaften Mädchen geworden, die innerhalb von vier Jahren geboren wurden. Ebenso in diese neue Rolle stürzte ich mich voller Elan und Leidenschaft hinein. Mir war von Anfang an klar, dass ich für jedes Kind mindestens drei Jahre zu Hause bleiben würde, um mich voll und ganz meiner Aufgabe als Mutter (und Pastorenfrau) zu widmen. Da ich in meiner Ausbildung zur Erzieherin gelernt hatte, wie wichtig es ist, auf die Bedürfnisse eines Kindes einzugehen, wurde es mir zur obersten Prämisse, diese Bedürfnisse zu stillen. Was ich dabei jedoch völlig außer Acht gelassen habe, war die Tatsache, dass nicht nur meine Kinder, sondern auch ich selbst Bedürfnisse hatte, die wichtig zu bedienen gewesen wären.

Müde bin ich, ohne Ruh

So kümmerte ich mich um unseren Haushalt, bespaßte und umsorgte unsere Kinder und brachte mich noch immer in diversen Bereichen in der Gemeinde ein. Ich wurde immer müder, unausgeglichener und unzufriedener. Ich fing an, mich bei meinem Mann darüber zu beschweren, dass die Kinder undankbar seien, dass sie gar nicht zu schätzen wüssten, was ich eigentlich für sie täte, ebenso wenig er selbst und die Gemeinde und überhaupt… Noch hinzu kam, dass wir in unserer zweiten Gemeinde (in die mein Mann als Pastor wechselte und die unsere heutige Gemeinde ist) eine Gemeindespaltung erlebt haben, in der sich die Gemeinde innerhalb kürzester Zeit um die Hälfte minimiert hatte. Aus diesem Umfeld hatten wir von Menschen teils zu hören bekommen, wir hätten uns nicht gut genug um sie gekümmert. Das hat gesessen! Ich verstand die Welt nicht mehr. Wir haben doch die letzten Jahre nichts anderes gemacht, als uns in die Gemeinde zu investieren (natürlich haben wir nicht nur alles richtig gemacht und hätten im Nachhinein manches anders angepackt). Doch nachdem ich deswegen einmal kurz kräftig geschluckt hatte, habe ich die Zähne zusammengebissen und weitergemacht. Gott sei Dank hat sich die Gemeinde von dieser Krise wieder erholt und durfte durch Jesus einen richtigen Neustart und Aufbruch erleben! Auf einmal hatte sich die Besucherzahl mehr als verdoppelt und die Gemeinde entwickelte sich alles in allem wirklich großartig.

Zerrbild und Zerriss

Also sollte man doch meinen, mir hätte es auch gut gehen müssen. Doch erschreckend nahm ich bei mir wahr, dass es mir immer schlechter ging, ich zusehends erschöpfter und müder wurde, und mich die Vielzahl an Menschen und Aufgaben immer stärker belastete. Dazu entwickelte ich mit der Zeit eine immer größer werdende Verantwortlichkeit für die Menschen, die kamen, und hatte das Gefühl, mich um jeden kümmern zu müssen. Dies aus Sorge, derjenige könnte unsere Gemeinde wieder verlassen, weil wir zu wenig für ihn getan haben. Wenn Situationen oder Zusammenkünfte mit Menschen schwierig waren, traute ich mich auch immer weniger, meinen eigenen Standpunkt zu vertreten bzw. gegenüber sehr einnehmenden Personen Grenzen zu setzen. Zudem wurden meine Aufgaben nicht weniger, sondern stetig mehr, da jetzt auch noch die (zugegeben, freiwillig übernommenen) Ehrenämter im Kindergarten und in der Schule der Kinder dazukamen. Außerdem wurde die Begleitung unserer Kinder emotional anstrengender, weil wir uns mehr und mehr der Herausforderung Pubertät näherten (und bei uns waren alle Kinder mehr oder weniger gleichzeitig in der Pubertät). Zwischendurch arbeitete ich dann noch zwei Jahre selbstständig als Tagesmutter und betreute maximal vier Kinder, also ergänzend zu meinen eigenen. Diese Arbeit machte mir wirklich Freude und ich möchte keinen Tag davon missen, aber das Gesamtpaket war einfach zu heftig! Nach außen war ich jedoch immer sehr stark und gefasst, habe nur engsten Freunden oder meiner Familie gezeigt, wie es mir wirklich ging. So kam es, wie es kommen musste. Der Tag nahte heran, an dem nichts mehr ging, und an dem ich mir schließlich eingestehen musste, dass es so nicht mehr weitergehen konnte …

Es muss etwas passieren

Christlicher Berater

Nach längerem Überlegen und Beten entschloss ich mich, einen christlichen Berater aufzusuchen. Die Gespräche mit ihm taten mir wirklich gut. Viele verdeckten Muster und inneren Antreiber wurden deutlich. Ebenso bekam ich viele praktische Tipps, wie ich meinen Alltag besser gestalten könnte. So dachte ich, dass ich es mit Jesus, mit meiner Familie und Freunden als auch mit diesem Berater schaffen würde, einen Neuanfang hinzulegen. Schließlich war ich ein betender, hoffnungsvoller Mensch – und insofern doch stark!

Jesus als Berater

Allerdings machte Jesus mir klar, dass ich nicht stark bin und es auch gar nicht sein muss! Und dass es in meiner Situation nicht ausreichend war, zu glauben, zu beten und Gespräche zu führen, und ansonsten so weiterzumachen, wie bisher. Ich wusste, dass Jesus nur ein Wort sprechen musste, und ich wäre wieder gesund (Matthäus 8,8). Doch mit der Zeit bekam ich den Eindruck, dass er für mich einen anderen Weg der Heilung parat hatte… und dieser Weg führte erst einmal zu (m)einer Bankrotterklärung.

Die Bankrotterklärung

Nichts unter Kontrolle
Schweren Herzens gestand ich mir ein: Ich habe nichts in der Hand, nichts unter Kontrolle. Ich bin nicht stark, sondern schwach! Und diese Erkenntnis ist kein Beweis für mein Versagen oder meine Unfähigkeit, sondern nur eine ehrliche Bestandsaufnahme und ein Erkennen meiner eigenen Grenzen und Bedürfnisse, auch meiner individuellen Belastungsgrenze!

Jesus übernehmen lassen
Also somit die Chance, alle eigenen Bemühungen und Anstrengungen loszulassen, damit Jesus mein Leben komplett gestalten und er durch meine Schwäche stark sein darf!

Noch einen Schritt weiter

Aus allen Systemen rauskommen

Nach langem Hin und Her entschied ich mich also gemeinsam mit meinem Mann, meiner Ärztin und meinem Berater für eine Kur in der christlichen „de'ignis"-Klinik, um einmal aus allen Systemen herauszukommen. Erklärtes Ziel: mich einmal von Grund auf zu sortieren; mein Leben neu von Jesus unter die Lupe nehmen zu lassen. Und natürlich, um wieder fit zu werden! Der Antrag wurde sogar recht schnell bewilligt, sodass ich nur noch auf den Anruf und den Aufnahmetermin seitens der Klinik warten musste.

Schwere Gedanken

Obwohl ich tief in mir drinnen wusste, dass es der richtige Schritt war, nagten ab da viele schwere Gedanken an mir und machten meine Seele schwer: Wie hatte es überhaupt so weit kommen können? Warum habe ich es nicht mit Gottes Hilfe und ohne Kur aus der Krise geschafft? Habe ich versagt? Bin ich so schwach? Doch immer wieder kam ich an den Punkt, dass das jetzt eben der Weg für mich war. Dass es eben nicht so war, weil gerade keine andere Alternative vorhanden war. Nein, sondern vielmehr und überhaupt, weil das genau der Weg war, der für mich „dran" war und mich zur Heilung bringen sollte! Dann begann ein ganz neuer Gedanke, Gestalt in mir anzunehmen – dass eine Kur keine Strafe ist, sondern in Zeiten von Sparmaßnahmen einem Geschenk gleichkommt. Nun konnte ich auch immer ehrlicher werden und einen offenen Umgang pflegen – den Menschen um mich herum endlich erzählen, wie es mir wirklich ging und was ich jetzt vorhatte.

Positive Reaktionen

Ich war überrascht zu sehen, wie positiv die Leute darauf reagiert haben und wie sie es mir von ganzem Herzen gönnten! Ab diesem Zeitpunkt boten sich auch viele an, zu helfen. Wo ich mich früher in der Position sah, anderen zu helfen, lernte ich nun, Hilfe anzunehmen und sie als Geschenk zu betrachten. Denn einer ist ja für den anderen da, und nicht nur einer für alle! Ich begann nun auch, meine bisherigen Aufgaben zu durchleuchten und zu überlegen, welche Aufgaben wirklich von Gott für mich vorbereitet waren. Diese musste ich unterscheiden lernen von jenen, von welchen ich nur dachte, es seien meine Aufgaben. Obwohl ich mich hierbei noch ganz am Anfang wähnte, war ich dennoch zuversichtlich, dass es mir gelingen würde, diese Unterscheidung mit Gottes Hilfe treffen zu können. Zudem begann ich, mich nicht mehr für jedes Problem, verantwortlich zu fühlen, das mir zugetragen wurde. Bis vor Kurzem dachte ich nämlich, dass – wenn mir jemand etwas von sich anvertraute – ich dafür verantwortlich sei, mich darum zu kümmern.

An Jesus abgeben

Somit lernte ich, die Menschen und Probleme an Jesus abzugeben und die in mir vorhandene Angst loszulassen, dass ich die Verantwortung hätte, Menschen in unserer Gemeinde halten zu müssen. Ein weiteres wichtiges Lernfeld bestand darin, mich innerlich von vereinnahmenden, grenzüberschreitenden Menschen zu distanzieren und ihnen gegenüber meine Grenzen zu formulieren. Auch gegenüber meinen Kindern musste ich mehr und mehr lernen, Grenzen zu setzen und sie für meine eigenen Bedürfnisse zu sensibilisieren – dies aber, ohne dabei ihre Bedürfnisse aus dem Blick zu verlieren. Auf vielerlei Weise war ich also auf einem guten Weg, bis sich mir eine neue Herausforderung in den Weg stellte …

Und dann kam Corona

Alles steht Kopf

Die Coronapandemie stellte von jetzt auf gleich unser aller Leben auf den Kopf und legte auch meine Kurpläne erst einmal auf Eis. Nun hatte ich keine Kur, sondern drei Kinder im Homeschooling. Statt Ruhe und Erholung hatte ich den ganzen Tag meine Kinder um mich herum (Kinder, ich liebe euch und bin gern mit euch zusammen, aber ein freier Vormittag ist auch toll!). Ich fühlte mich in die frühen Phasen unseres Familienlebens zurückversetzt, als die Vormittage noch nicht mir gehörten und ich für jede Arbeit doppelt so lange brauchte, weil ich ständig unterbrochen wurde. Und da meine Kinder noch immer gern von mir beschäftigt wurden, warteten sie immer darauf, dass ich ihnen etwas anbot. Gerade in einer Zeit, in der ich mich körperlich und seelisch völlig schwach fühlte, aber doch umso mehr Ruhe und Stille bräuchte, musste ich nun präsent und stark sein. Oder musste ich das etwa gar nicht?

Selbstoffenbarung

Da kam er wieder – der Gedanke, dass ich stark sein müsste! Doch mittlerweile hatte ich verstanden, dass dem nicht so war, dass ich zu meiner Schwäche stehen konnte und dies auch vertreten und formulieren durfte. So fasste ich mir nach einigen sehr anstrengenden Tagen ein Herz und offenbarte meinem Mann meine Gedanken und Gefühle. Daraufhin ermöglichte er mir am Wochenende ein paar Stunden, in denen ich ganz für mich allein sein konnte. Dafür war ich ihm sehr dankbar! Ich erkannte auf einmal verloren gegangene Interessen und bastelte und schrieb einen ganzen Sonntag lang Karten. Das brachte mich sowohl innerlich als auch äußerlich zur Ruhe. Ebenso immer wieder die Stille Zeit mit Gott, wann immer mir diese zu gelingen vermochte, wurde mir zur kleinen Oase im Alltag. Wenn ich diese Ruhezeiten hatte, freute ich mich im Anschluss direkt wieder auf die Zeiten mit meiner Familie, weil ich etwas Kraft tanken konnte. Was ich jedoch nicht verstand: Warum Gott mir zuerst die Kur in Aussicht stellte, mir deutlich machte, dass diese für mich dran sei, er sie dann aber durch Corona wieder in so weite Ferne rückte?

Nur mit Gott!

Doch ich versuchte aufzuhören, die Dinge verstehen zu wollen. Ich wollte alles in Gottes Hände legen. So versuchte ich fortan jeden Tag mit seiner Hilfe anzugehen. In diesen Zeiten wurde mir die Geschichte vom Volk Israel sehr deutlich, das in der Wüste die Versorgung mit dem Manna (Himmelsbrot) für jeden einzelnen Tag erlebte und nicht schon im Voraus für mehrere Tage oder gar Wochen (2. Mose 16). Und dieser eine Satz war mir ständig im Kopf: „Wie deine Tage, so deine Kraft" – nach 5. Mose 33,25. Ein anderer Bibelvers, der mir sehr geholfen hat, sagt, dass Jesus uns aus seinem Reichtum mit aller Kraft beschenken möchte. Deshalb darf ich wissen, dass Jesus die Quelle meiner Kraft ist und ich mich aus dieser Quelle versorgen lassen kann! Wenn uns das Stillen unserer Bedürfnisse und das Achten unserer Begrenzungen nicht geglückt ist, tun wir wohl daran, uns darüber in einem ehrlichen Gespräch miteinander auszutauschen und aus der gegenseitigen Vergebung zu leben.

Die Kur kann beginnen

Gehen oder bleiben?

Nach langem Warten, etwa über ein halbes Jahr hinweg, konnte ich schließlich doch noch meine Kur antreten. Mittlerweile hatte ich mich fast an den Gedanken gewöhnt gehabt, es jetzt auch ohne Kur zu schaffen. Somit musste ich mich dann erst einmal wieder zu diesem Schritt durchringen. Zumal durch Corona gerade alles sehr unsicher und schwierig geworden war und sich bei mir gewisse Ängste einstellten wie: Was passiert, wenn ich in Reha bin und mein Mann oder eines unserer Kinder krank werden sollte? Oder ich bekäme Corona und säße im Schwarzwald fest? Würden wir uns alle gesund wiedersehen?

Ich war also kurz davor, die Reha abzusagen. Doch ich hatte im Vorfeld so viel dafür getan, diese zu bekommen. Ebenso hatte ich ja auch den Eindruck, dass es genau das war, was Gott für mich vorgesehen hatte. Deshalb gab ich mir einen Ruck und sagte der Klinik zu.

Nach einigen sorgenvollen Tagen aufgrund der Gedanken und Fragen, die mir zuvor noch durch den Kopf gegangen waren, ging es dann los, und zwar frühmorgens. Mein Mann fuhr mich mit dem Auto in die Klinik. Die Hälfte der Autofahrt habe ich mit Weinen zugebracht. Ich vermisste schon jetzt meine Familie und mein Zuhause und ich hatte fürchterliche Ängste. Als wir nach mehreren Autostunden ankamen, fühlte sich immer noch alles schrecklich an. Zumal sich, das kam in jenen Zeiten erschwerend hinzu, mein Mann vor der Klinik von mir verabschieden musste. Nicht einmal beim Gepäckhochtragen durfte er mir helfen, geschweige denn mein Zimmer ansehen.

Innen und außen einrichten

Mich empfing jedoch ein sehr netter und empathischer Pfleger, der meinen Gemütszustand rasch durchschaut hatte. Er nahm mir meine ersten Sorgen und betätigte sich sogar als „Taschenträger“. Ich bekam ein sehr schönes, neu eingerichtetes Zimmer im Dachgeschoss. Hierbei stellte sich schon einmal direkt ein erstes positives Gefühl ein. Dann lernte ich meine Zimmernachbarin kennen. Mit ihr würde ich also die nächsten Wochen ein Zimmer bewohnen. Im ersten Moment war ich etwas enttäuscht, weil sie doch um einiges älter war als ich, doch bereits nach dem ersten Gespräch merkte ich, dass sie sehr nett war und die Chemie zwischen uns gut zu passen schien. Selbst die anfängliche Sorge, wie wir das mit dem richtigen Verhältnis aus Nähe und Distanz hinbekommen würden, erwies sich als unberechtigt. Wir haben uns gegenseitig Freiraum gegeben, aber zugleich ebenso schöne Dinge miteinander unternommen. Wir konnten uns sogar gegenseitig helfen – bei den jeweiligen Herausforderungen unserer Situationen. So lernten wir schnell, ehrlich unsere Bedürfnisse zu kommunizieren und die vom jeweils anderen stehen zu lassen. Ich durfte auch hier immer mehr lernen, meine Schwäche zuzulassen, habe so manches Tränchen vergossen und so manche Angst eingestanden, aber auch Tröstung entgegengenommen. Ebenso die anderen aus meiner Bezugsgruppe Gelb A (bis fast zum Ende waren wir eine reine Frauentruppe, was ich gut fand), waren sehr nett. Wir haben uns von Anfang an gut verstanden, Zeit miteinander verbracht und viel Spaß zusammen gehabt (ich sage nur Bademantelaktion, falls ihr „Gelb-A-Ehemaligen“ das hier mal lesen solltet). Natürlich muss hier noch mit angefügt werden, was es mit der „Bezugsgruppe Gelb A“ auf sich hat: Aufgrund der allgemeinen Ausnahmezeit wurden wir in Kleingruppen eingeteilt, die dann die ganze Zeit über in dieser Konstellation geblieben sind und auch sämtliche Therapieangebote zusammen gemacht haben.

Abrutschen in alte Muster?

Die unterschiedlichen Geschichten meiner Mitpatienten haben mich am Anfang sehr bewegt. Sie haben mich förmlich mitgenommen und in mir alte Verhaltensmuster wachgerufen, sodass ich das Gefühl hatte, für sie und ihre Geschichten „Verantwortung" übernehmen und für sie da sein zu müssen. Anstatt somit bei mir und meiner momentanen Bedürftigkeit zu sein, wollte ich wieder stark sein und die Welt retten. Doch nach Rücksprache mit meinem Therapeuten und der ehrlichen Beschreibung meiner Situation konnte ich die Dinge entlarven und ehrlich werden. Daraufhin hatten die anderen mit ein Auge darauf, dass ich mich gut um mich selbst kümmerte. So konnte ich mich mehr und mehr auf meinen individuellen Prozess einlassen und beginnen, erste Dinge auszuprobieren und einzuüben. Ich habe dann auch gelernt, meine persönlichen Themen in die Gruppe einzubringen und einfach „Raum für mich" einzunehmen. Durch Rollenspiele, die Reflexion der anderen und gute Rückfragen sowie Tipps der Therapeuten konnte so manche meiner Situationen aufgearbeitet und hinterleuchtet werden. Darüber ließen sich neue Lösungswege finden. Natürlich gab es immer einmal wieder Situationen, in denen ich in alte Verhaltensweisen abgerutscht bin. Doch es hatte ein Veränderungsprozess begonnen, der mich in darauffolgenden Situationen schneller zum Umdenken brachte.

Veränderungsprozess angestoßen

Ich merkte somit, wie ich körperlich, geistlich und seelisch mehr und mehr zur Ruhe kommen konnte. Und trotzdem war ich in dieser Zeit von starken Kopfschmerzen und Ängsten geplagt. So gab es wiederum ein Übungsfeld: Ich hatte zu lernen, meine momentane Schwäche und Hilfsbedürftigkeit gegenüber den anderen Gruppenmitgliedern zuzugeben und dementsprechend

Grenzen zu ziehen oder Hilfe in Anspruch zu nehmen. Dennoch war das alles in allem eine gute und hilfreiche Zeit für mich und es keimte in mir wieder Hoffnung auf, dass ich auf dem Weg der Heilung sein könnte. Die vier Wochen in der Klinik vergingen wie im Fluge. Ehe ich mich versah, fuhr ich schon wieder nach Hause – dies mit vielen Ideen und neuem Mut, wenngleich ich mich noch nicht topfit beziehungsweise allem gewachsen fühlte. Doch beim Abschlussgespräch in der Klinik hatte der Oberarzt zu mir gesagt, dass er es gut fände, dass ich eben nicht topfit nach Hause fahren würde, damit ich nicht in der Gefahr stünde, wieder genau da weiterzumachen, wo ich zuvor aufgehört hatte! In diesem Gespräch ist nicht nur mein neues „Credo" entstanden, sondern ebenso der Titel für dieses Buch: „70 ist mein neues 100!". Das kam so zustande, weil wir uns darauf geeinigt hatten, dass es zukünftig nicht mehr mein Ziel sein sollte, auf hundert Prozent meiner Leistungsfähigkeit zu kommen, sondern maximal auf siebzig, damit ich – wenn es wieder einmal eng würde, noch Luft nach oben hätte. Durch meine Persönlichkeit sei ich nämlich gefährdet, immer über meine Leistungsgrenze hinauszugehen.

Wieder heim und Pläne für danach

Die Autofahrt zurück nach Hause mit meinem Mann war sehr schön, weil ich die Zeit mit ihm sehr genossen habe und wir uns wirklich viel zu erzählen hatten. Wir machten auch Pläne, welche Dinge wir jetzt angehen und ändern wollten, merkten jedoch, dass es einige Bereiche und Punkte gab, für die wir noch keine richtigen Antworten oder Ideen hatten. Durch einen mit meinem Kliniktherapeuten entworfenen Wiedereingliederungsprozess sollte mir der Einstieg in meinen Alltag erleichtert werden, indem ich stufenweise wieder in die Bereiche Familie und Gemeinde zurückfinde. Ganz lebenspraktisch bedeutete das nach meiner Rückkehr:

zwei Wochen nur Familie, ab der dritten und vierten Woche kleine Aufgaben aus der Gemeinde mit dazu. Und ab der fünften Woche der normale Rhythmus, wobei „das neue Normal“ ja nicht mehr hundert, sondern maximal siebzig Prozent sein sollten!

Wieder im Alltag

Nach der Reha ist vor der Reha?

Die ersten zwei, drei Wochen ging es mir tatsächlich ganz gut. Es war wohltuend, in Ruhe ankommen zu können und nur für die Familie da sein zu müssen. Doch dann schlich sich wieder mehr und mehr die Müdigkeit und Erschöpfung ein. Ich merkte, dass ich erst ganz am Anfang meines Gesundungsprozesses und dass alles noch sehr zerbrechlich war. Das machte mir sehr zu schaffen, da ich dachte, die vier Wochen Reha und danach die eine oder andere kleine Veränderung würden mir reichen, um wieder halbwegs normal meinen Alltag bestreiten zu können! Doch je länger die Zeit fortschritt, umso weniger erwies sich diese Annahme als wahr. Ich näherte mich wieder meiner Verfassung vor der Reha an, spürte erneut diese Dauermüdigkeit. Ebenso merkte ich diese immer stärker werdende Belastung durch die Aufgaben in der Gemeinde. Das betraf besonders den Bereich der zwischenmenschlichen Herausforderungen und Konflikte, die sich nun einmal nicht völlig vermeiden ließen. Und obwohl ich doch eigentlich Strategien und Lösungswege in der Reha kennengelernt hatte, konnte ich sie nicht anwenden. Schlimmer noch, ich bekam kaum mehr Abstand zu den für mich belastenden Situationen, sodass ich mich manchmal tagelang wie aus der Bahn geworfen fühlte. Ich dachte bei mir: Das kann doch nicht wahr sein! Muss ich jetzt schon wieder Schwäche zulassen und etwa einen Gang zurückschalten? So langsam reichte es doch! Zumal es nun auch unangenehm wurde, Fragen wie „Und, fühlst du dich jetzt wieder fit nach der Reha?“ zu begegnen mit einem „Naja, geht so, ist noch Luft nach oben.“ Ich wollte jetzt endlich wieder fit und belastbar und energievoll sein! Auch geistlich kam ich mit der Zeit an meine Grenzen. Es mag ja einmal eine Zeit lang ganz okay sein, vor Gott schwach zu sein, ihm „Klagelieder“ zu singen und in der eigenen Schwachheit in Ihm stark zu sein.

An Gottes Verheißungen klammern

Doch was ist mit den ganzen Verheißungen wie zum Beispiel, dass die, die auf ihn hoffen, neue Kraft bekommen und aufschwingen mit Flügeln wie ein Adler? Oder dass wir zwar müde werden, aber nicht hinfallen, was ist damit (Jesaja 40,29–31)? Oder dass Jesus uns das „Leben in Fülle“ geben möchte (Johannes 10,10) und er „Gedanken des Friedens und der Hoffnung über uns“ hat (Jeremia 29,11)? Fast täglich habe ich solche Stellen gelesen, habe gebetet, sie für mich in Anspruch genommen, sie sogar proklamiert! Doch warum änderte sich nichts? Glaubte ich zu wenig, dass Gott wirklich helfen würde? Aber halt, das hat ja wieder etwas mit Stärke meinerseits zu tun, das kann somit gar nicht des Rätsels Lösung sein. Also ging ich in die Stille und fragte Jesus, was das alles solle, welches Ziel er damit verfolge? Er müsse doch schließlich auch daran interessiert sein, dass ich gesund und fit bin, damit ich mich für ihn und sein Reich einsetzen könnte! Denn was würde mit meinen ganzen Aufgaben passieren, wenn ich sie nicht mehr ausführen könnte? Es würde doch alles zusammenbrechen! Oh, halt, wurde da vielleicht gerade etwas Ungutes entlarvt? Versuchte ich gerade wieder, alles in meinen Händen und unter meiner Kontrolle zu haben, nach außen wieder für alle stark sein und alles im Griff haben zu wollen? War das womöglich etwas, an das Jesus ranwollte, um grundsätzlich etwas in meinem Herzen und in meinen Gedanken zu verändern? Wollte er vielleicht einmal alles auf null setzen, um ganz von vorne anzufangen – und zwischen ihm und mir so eine Beziehung aufzubauen, die von absolutem Vertrauen und Abgabe sämtlicher Kontrollmechanismen geprägt war? Sodass ich einmal ganz neu lernte, dass ich ohne ihn wirklich nichts tun kann und dass es nicht auf meine Kraft und Stärke, noch auf meinen Einsatz und meine Ideen ankommt, sondern allein auf mein hingegebenes Herz? Doch wie sollte das geschehen?

Leinen los, ins Sabbatjahr?

Immer wieder kam ein Wort in mir auf, das sich schon vor längerer Zeit in meine Gedanken geschlichen hatte, das ich jedoch immer wieder verdrängt hatte: SABBATJAHR! Aber sobald es auftauchte, schob ich es beiseite und dachte, in unserer Situation und unserer Rolle als Pastorenehepaar ist so etwas nicht möglich. Wie sollte das gehen? Ich könnte vielleicht einmal einzelne Aufgaben abgeben, aber mich doch nicht komplett aus allem zurückziehen! Was sollen denn da die Leute denken? Oh, da war er wieder, der gefährliche Satz aus vergangenen Tagen … und zugleich vernehme ich da noch etwas anderes, aus einer anderen Richtung: „Hier geht es nicht um andere, hier geht es um dich und deine Gesundheit, um deine Beziehung zu mir und zu deiner Familie." Hm, ja, aber das wäre doch schon wieder einmal eine Bankrotterklärungssituation! Es kann nicht sein, dass andere Arbeit und Familie unter einen Hut bekommen, vielleicht noch eine Weiterbildung obendrein machen, und ich schaffe „gerade einmal" nur meine Familie und mich selbst, und das auch gerade nur mit halber Kraft? Ich war doch bislang schließlich die „Vorzeige- Pastorenfrau", die alles mitgemacht hat, die zudem noch übergemeindliche Aufgaben übernommen hat, die bei diversen Schulklassen unserer Kinder ehrenamtlich tätig war! Und jetzt komplett auf null gehen? Das kannst du doch nicht wirklich wollen, Jesus! Oder vielleicht doch?

Kämpferische Tage

Nach einigen kämpferischen Tagen lasse ich mich ganz ehrlich auf die Sabbatjahrfrage ein – und komme zu dem Schluss, dass das durchaus eine Option sein könnte. Denn hatte ich mich nicht schon vor einigen Jahren mit dieser Frage auseinandergesetzt, ja, es mir zwischenzeitlich sogar gewünscht, so ein Jahr machen zu können? In sich hieran anschließenden Seelsorgegesprächen und durch viel Gebet bin ich tatsächlich zu dem Entschluss gelangt, im darauffolgenden Jahr ein Sabbatjahr zu machen! Und wenn ich ehrlich bin, fühlte ich mich in diesem Moment sogar erleichtert und frei. Natürlich bereitete es mir einige Kopfschmerzen, diese Entscheidung nun in mein Umfeld kommunizieren und somit wieder zugeben zu müssen, dass ich gerade erneut schwach war. Doch jetzt hatte ich diese Entscheidung getroffen, also ging ich auch darauf zu und packte die Sache an.

Projekt Sabbatjahr

Mein Entschluss steht!

So bestanden meine nächsten Tage daraus, E-Mails an meine Teamleute zu schreiben, Gespräche mit den Mitarbeitern aus meinen Gemeindeteams zu führen und einzelnen Personen meinen Entschluss mitzuteilen. Dabei wurde mir von dem christlichen Berater empfohlen, zwar meine Situation zu erklären, aber mich nicht zu entschuldigen oder zu rechtfertigen. Das war ein schlauer Tipp! Denn nicht alle Menschen können einen Schritt wie diesen verstehen, und dann gerät man in die Gefahr der Rechtfertigung. Vor allem bei Menschen, die der Meinung sind, dass mit etwas mehr Glaube und Gebet so eine Situation doch hätte vermieden werden können! Doch überwiegend bekam ich sehr positive und ermutigende Rückmeldungen und großes Verständnis für meine Entscheidung entgegengebracht. Die Angst der meisten Leute war eher, dass ich mich nun für ein Jahr komplett zurückziehen würde und sie mich ein Jahr lang gar nicht mehr sehen würden. Diese Angst nahm ich ihnen jedoch, da ich nicht vorhatte, mich komplett aus der Gemeinde zurückzuziehen, sondern nur von meinen Aufgaben und Verantwortlichkeiten; außerdem dann noch von sehr belastenden Situationen und Menschen, bei denen ich es nicht schaffte, mich in gesunder Weise abzugrenzen. Dieser Punkt war also auch erledigt.

Wie füllt man so ein Jahr?

Jetzt stand für mich eine ganz andere Frage im Raum – jene, wie ich denn jetzt so ein Jahr füllte, damit es nicht einfach vor sich hinplätschert. Am Ende soll es wirklich produktiv gewesen sein! Oh, produktiv, schon wieder eine Vokabel aus der Vergangenheit, die etwas mit Leistung und Stärke meinerseits zu tun hatte. War es nicht mein vorrangiges Ziel, zur Ruhe zu kommen? Neue Kraft zu schöpfen? Einfach ganz viel Zeit in der Stille und im Gebet zu verbringen, um mir von Gott zeigen zu lassen, wie er sich das Ganze so vorgestellt hatte? Ich wollte doch gerade nicht mehr Dinge aus mir heraus tun, sondern darauf warten, was Jesus mir sagen und zeigen würde. Ich ahnte, dass das alles gar nicht so leicht werden würde! Aber mittlerweile hatte ich gelernt, einen Schritt nach dem anderen zu machen und zu akzeptieren, dass es manchmal auch den ein oder anderen Rückschritt gab.

Vorfreude und Psalm 23

So langsam machte sich ein Hauch von Vorfreude und Spannung auf diesen neuen Lebensabschnitt in mir breit. Und es pflanzte sich so etwas wie Hoffnung und Zuversicht in mein Herz, dass Jesus am Ende etwas Großartiges aus diesem Jahr machen würde! Ein Abschnitt aus der Bibel begleitete mich in dieses Jahr hinein: Psalm 23, den ich schon gefühlt tausendmal in meinem Leben gehört, gelesen und gebetet habe, der mir jedoch ganz neu in meiner Situation lebendig wurde. Ich verstand auf einmal, was es bedeutete, einen Hirten an meiner Seite zu haben, der sich um alles kümmern würde, der mich führen und leiten möchte, der mich sogar bei sich ausruhen lässt, mich erfrischt und belebt, indem er mir frisches Wasser und grüne Wiesen anbietet. Ein Hirte, der mir sogar einen Tisch deckt und meinen Becher voll einschenkt! Zum ersten Mal sind diese Tatsachen von meinem Kopf in mein Herz gesunken und bekamen für mich eine ganz besondere und persönliche Bedeutung. So einem Hirten konnte man seine Situation und sich selbst doch gut anvertrauen, oder nicht?

Das Sabbatjahr in der Bibel

Das biblische Ruhegebot

Sabbat zu halten und zur Ruhe zu kommen, ist eine Erfindung von unserem Schöpfer, von Gott persönlich. So war der Sabbat der letzte und vollendende Schöpfungsakt von ihm. Obwohl Gott selbst keine Ruhe nötig hat, ruhte er dennoch am siebten Tag. Nicht, weil er es nötig gehabt hätte, sondern weil er wusste, dass wir Menschen diese Unterbrechung des Alltags nötig haben würden. Diesen Tag hat er sogar geheiligt und ihn als Gebot für uns festgesetzt!

Ein Jahr als „Erschöpfungsprophylaxe"

Zum Sabbatjahr selbst gibt es in der Bibel nicht viele Stellen, aber einige lassen sich finden. So sollten beispielsweise junge Männer, die gerade geheiratet hatten, ein Jahr lang nicht in den Krieg ziehen, sondern sich erst einmal nur auf ihre Frau und die junge Ehe konzentrieren, um viel Zeit füreinander zu haben und sich richtig kennenzulernen. Mein Mann und ich sagen im Nachhinein, dass wir uns so eine Zeit für unsere junge Ehe sehr gewünscht hätten, da wir ab dem Zeitpunkt unseres ehelichen Zusammenlebens sehr intensiv in der Gemeindearbeit tätig waren und uns zu wenig Zeit für uns und unsere Ehe genommen haben.

In 3. Mose 25,5–11 gibt Gott Mose den Auftrag, seinem Volk zu verkünden, dass alle sieben Jahre ein Sabbatjahr im ganzen Volk stattfinden sollte und in diesem Jahr keine Felder bestellt werden sollten, kein Weinberg gepflegt und nicht geerntet werden sollte. Ein Jahr lang sollte das Land zur Ehre des Herrn ruhen! Und Gott versprach, dass sie in diesem Jahr gut versorgt sein würden und sich wirklich um nichts kümmern müssten! Und so ein Jahr sollte es nicht nur einmal im Leben geben, wenn alle müde, erschöpft und ausgebrannt waren und deshalb nicht mehr konnten, sondern regelmäßig, alle sieben Jahre! Quasi zur „Erschöpfungsprophylaxe“. Ich finde das genial, wie Gott diese Dinge eingerichtet hat. Er hat uns einen Rhythmus vorgegeben, der uns dazu verhilft, eine Balance zwischen Arbeit und Ausruhen zu leben, ohne auszubrennen. Und in der Zeit der Ruhe geht weder die Welt unter noch alles den Bach runter, sondern Gott kümmert sich in dieser Zeit um alles Wichtige!

Gott ganz zur Verfügung stehen

Der Weinstock, der unbeschnitten bleiben soll, heißt im Hebräischen „nassir“, was so viel wie geweiht oder abgesondert bedeutet. Für denjenigen, der sich für ein Sabbatjahr entscheidet, bedeutet das: Ich stelle mich Gott ganz zur Verfügung. Ich „weihe“ mich ihm und „sondere“ mich für ihn ab, ohne selbst etwas zu leisten. Derjenige macht dieses Sabbatjahr also nicht nur für sich allein, um sich selbst zu finden, sondern zur Ehre Gottes, um sich ihm hinzugeben und von ihm zu empfangen.

Gott als der Erfinder

Mit dieser biblischen Grundlage konnte ich gegen die negativen Gedanken und Gefühle angehen, die ich zuvor gegen das Sabbatjahr gehegt hatte. Damit wusste ich ganz neu, dass Sabbat nicht nur von Gott gewollt, sondern sogar von ihm persönlich erfunden und eingesetzt wurde! Aber selbst, wenn es keine logischen und fundierten biblischen Erklärungen gegeben hätte, wäre es für mich wichtig gewesen, zu dieser Entscheidung zu stehen.

Eigene Entscheidungen aushalten

Nun gut, eines meiner großen Probleme bestand ja darin, es immer allen recht machen zu wollen und in einer Entscheidung immer die positive Rückmeldung meines Gegenübers haben zu müssen. Doch dies ist im Leben ja gar nicht immer möglich, da wir Menschen viel zu unterschiedlich sind und deshalb auch zu unterschiedlichen Ergebnissen kommen. In der Reha haben wir dazu ein sehr eindrückliches Rollenspiel durchlaufen. In diesem musste ich eine für mich sehr belastende Situation nachspielen, wobei das Ende bewusst unharmonisch gespielt wurde, um zu zeigen, dass auch solche Ausgänge im Leben immer wieder vorkommen könnten und dass ich hierauf vorbereitet sein müsste. Das war sehr hart für mich. Und obwohl es sich nur um ein Rollenspiel handelte, merkte ich dennoch, welche Bandbreite an Emotionen sich in mir breitmachte. In einem weiteren Durchgang sollte ich mir überlegen, wie ich auf so einen unharmonischen Ausgang reagieren könnte, um damit klarzukommen. Tatsächlich fand ich eine Möglichkeit, zu meinen eigenen Bedürfnissen und Entscheidungen zu stehen und gleichzeitig auszuhalten, dass mein Gegenüber aber damit gerade gar nicht einverstanden war. Das fühlte sich zunächst etwas befremdlich an, gleichzeitig aber stark und befreiend. An diese Situation musste ich unmittelbar zurückdenken, als es um die Verkündung meines Sabbatjahres und die damit verbundenen Reaktionen ging.

Es wird konkret

Gedanken und Vorbereitungen

Als es nun mehr und mehr auf mein Sabbatjahr zuging, stiegen mir viele Gedanken auf, wie ich denn dieses Jahr nun praktisch gestalten würde. In meinem direkten Umfeld hatte ich nämlich keinen, der so ein Jahr schon einmal gemacht hätte, den ich also hätte fragen können. Im Internet als nächster Instanz bin ich nicht so richtig fündig geworden. Da fiel mir eine frühere Freundin ein, zu der noch ein loser Kontakt bestand. Sie hatte ein Sabbatjahr gemacht und ihre Erlebnisse sogar in einem Buch verarbeitet. So habe ich sie angeschrieben, um mir von ihren Erfahrungen berichten zu lassen. Nun war es aufgrund verschiedener Lebensumstände so, dass ihr Jahr von anderen Dingen geprägt wurde und daher nur bedingt vergleichbar war – beispielsweise war sie noch teilweise angestellt und bekam in ihrem Sabbatjahr ein Baby. Doch hatte sie sich in ihrer Auszeit ein paar Fragen gestellt, die es mir wert schienen, dass ich sie ebenso in meine Auszeit mit hineinnehme.

Fragen für die Auszeit

1. Wie will ich weitermachen?
2. Was mag ich an meinem Leben, was nicht?
3. Welche neuen Entscheidungen will ich treffen?
4. Wo kann ich etwas verändern?
5. Wofür will ich stehen?

Vom Druck befreien

Was meine frühere Freundin mir als Resümee aus ihrem Sabbatjahr nannte, was sie in diesem womöglich aus heutiger Sicht hätte anders machen wollen: „Vielleicht würde ich mir nochmal mehr gönnen, auch ohne schlechtes Gewissen ‚nichts' zu tun." Dieser Satz hat mich angesprochen, da ja auch ich sehr gefährdet war, immer etwas machen oder leisten zu wollen. Schon jetzt setzte ich mich sehr mit dem Gedanken unter Druck, dass mein Sabbatjahr am Ende auch produktiv gewesen sein und damit handfeste Ergebnisse hervorbringen sollte. Doch genau von diesem Druck wollte ich mich mehr und mehr befreien. Einfach einmal sein. Ausruhen. Vor Gott sein. Also war es für mich definitiv eine Aufgabe, genau solche „Dinge" einzuplanen, die kein Ergebnis hervorbrachten, sondern mir Freude machten und mich entspannten!

Was aber macht mir Freude?

Das Problem dabei war, dass ich in den letzten Jahren verlernt hatte, zu wissen, was mir Freude macht. Oder hatte ich es vielleicht nie richtig gelernt, weil es meist um die Bedürfnisse anderer ging, nicht um meine eigenen? Das war mir übrigens in meiner Reha ganz radikal aufgefallen, weil dort öfters die Frage gestellt wurde, was wir gern machten bzw. was unsere Hobbys seien. Irgendwie schien ich keine wirklichen Hobbys zu haben. Meine Ehrenämter in der Gemeinde und meine Familie waren mein Hobby. Und wenn ich einmal Zeit für mich allein hatte, reichte diese gerade dafür aus, um für zwei oder drei Stunden in einem Buch abzutauchen. Ja, Lesen, das könnte man definitiv als ein Hobby von mir betrachten. Aber sonst? Ganz schön erschreckend und ernüchternd, wenn einem auf so eine Frage zunächst nichts einfällt! In der Reha sollten wir dann noch überlegen, was uns denn früher einmal so richtig Spaß gemacht hat und bei welchen Dingen wir die Zeit vergessen haben? Früher, ja, da gab es doch das ein oder andere … Da habe ich mich gern mit meinen Freundinnen getroffen, bin gern shoppen gegangen, habe Badminton gespielt, mit einer Freundin eine christliche Tanzgruppe geleitet, einen Tanzkurs besucht, in einem Chor gesungen, Tagebuch geschrieben oder Konzepte für die Gemeindearbeit entwickelt. Na also, es kam doch noch etwas zusammen! Aus diesen Dingen müsste sich sicherlich auch etwas für mein bevorstehendes Sabbatjahr machen lassen. Freizeittechnisch war wegen Corona natürlich alles sehr eingeschränkt, aber in der Not wird man bekanntlich kreativ. Jetzt sollte ich noch ebenso die Fragen meiner früheren Freundin betrachten. Wie also sah es in puncto dieser anderen Fragen bei mir aus?

Wie will ich weitermachen?
Auf jeden Fall war für mich klar, dass ich nur noch die Dinge tun wollte, die ich aus ganzem Herzen machen wollte und von denen ich wusste, dass Jesus sie von mir wollte. Und neben allen Aufgaben müsste noch genug Zeit sein für die schönen Dinge des Lebens – für Familie, Freunde und Hobbys. Die Aufgaben betreffend sollten mir meine zukünftigen Aufgaben mehr Energie geben, als dass sie mir diese nehmen.

Was mag ich an meinem Leben, was nicht?
Ich mochte an meinem Leben meinen Mann, unsere drei Töchter, unser schönes Haus, unsere Familien. Viele tolle Freunde, die unser Leben bereicherten. Die gemeinsame Leidenschaft von meinem Mann und mir für Jesus und sein Reich. Dann all die schönen Dinge, die wir miteinander schon erleben durften (Urlaube, Ausflüge, Familienzeiten …), unsere Gemeinde (abgesehen von den Krisenzeiten und Konfliktfeldern). Was ich nicht an meinem Leben mochte, waren die permanente Müdigkeit und Erschöpfung, die vielen körperlichen Symptome und die daraus

entstehenden Ängste, die Unruhe, die Hektik und der Stress, der durch die vielen Aufgaben da war. Dann Menschen, die mir meine Energie raubten und meine Grenzen nicht akzeptierten. Ferner mochte ich nicht mit einer ständigen Unzufriedenheit von bestimmten Menschen konfrontiert und für ihr Glück bzw. Unglück verantwortlich gemacht werden. Und schließlich nahm die Gemeinde oft einen überdimensionierten Raum in unserer Familie ein, sodass persönliche Dinge dabei auf der Strecke blieben.

Welche neuen Entscheidungen will ich treffen?

- Meine Gesundheit und meine Familie sind wichtiger als irgendwelche Aufgaben und Menschen in der Gemeinde!
- Ich bin nicht für das Glück und die Zufriedenheit anderer Menschen verantwortlich!
- Ich bin nicht nur etwas wert, wenn ich etwas leiste!
- Ich werde nicht mehr über meine körperlichen und seelischen Grenzen gehen!
- Jesus ist der Erbauer und Erhalter seiner Gemeinde, nicht ich!
- Ich will mir mehr Zeit für die schönen Dinge des Lebens nehmen!
- Ich will nur noch das tun, was ich als Auftrag von Gott erkenne!

Wo kann ich etwas verändern?
Bis zu diesem Zeitpunkt hatte ich keine konkrete Idee, was ich tatsächlich ändern könnte.

Wofür will ich stehen?
Dass ich Jesus von ganzem Herzen liebe, meinen Nächsten, aber eben auch mich selbst. Dass ich mich – aus einer guten Sorge um meine Beziehung zu Jesus heraus und zu mir selbst – um meinen Nächsten kümmern kann. Und dass ich Jesus in das Leben meines Gegenübers hineinbringen kann!

Als ich über all diese Fragen nachgedacht habe, merkte ich, dass der Punkt der Veränderung mir am schwersten gefallen ist und mir dazu auch erst einmal nichts eingefallen ist. Ich stellte immer wieder fest, wie festgefahren mein System und meine Gedanken waren. Also wie schwer es mir fiel, konkrete Dinge anzupacken und zu verändern. Doch ich würde jetzt ein Jahr lang Zeit haben, um mir darüber Gedanken zu machen. Außerdem musste ich noch nicht alles auf einmal wissen, sonst bräuchte ich kein Sabbatjahr! Zu den Fragen, die sich meine genannte Freundin gestellt hatte, gesellten sich bei mir noch einige weitere hinzu. In meiner persönlichen Situation bewegte mich nämlich, wann es für mich wieder Zeit wäre, beruflich aktiv zu werden. Und welcher Bereich es denn dann werden sollte. Sollten wir als Pastorenehepaar weiter im klassischen Gemeindedienst tätig sein oder war nicht vielleicht auch hier eine Veränderung dran? Bis jetzt war es für mich immer ganz logisch, dass ein Pastor eine Gemeinde leitet und es somit für ihn und seine Familie die Berufung war, sich in die Gemeinde einzubringen. Doch ist es nicht in erster Linie die Berufung eines Pastors, Menschen zu Jesus zu führen und sie auf dem Weg ihrer Nachfolge zu begleiten und zu lehren? Und meine Berufung ist es doch zuallererst, Jesus zu lieben, ihm nachzufolgen und Menschen für ihn zu gewinnen? An sich gab es doch viele Felder, in denen man diese Berufung leben könnte, oder? In erster Instanz müsste diese Frage natürlich mein Mann für sich klären. Ich würde ihn bei jeder Entscheidung in Zukunft weiter unterstützen. Aber trotzdem war ich gespannt, wo für uns die Reise hingehen würde und was Jesus sich für unsere nächsten Jahre überlegt hatte …

Eine kleine Nachjustierung

Vom inneren Abstand

Nun rückte mein Sabbatjahr immer näher. Mit meiner E-Mail an meine Gemeinde dachte ich, einen ganz guten Plan zu haben, was ich im bevorstehenden Jahr für die Gemeinde machen bzw. nicht machen wollte. Darin erklärte ich, dass ich mich aus allen Aufgaben und Verantwortlichkeiten zurückziehen, aber den Gottesdienst, den Hauskreis, meine Gebetsgruppe sowie Kontakte in einem für mich nicht belastenden Umfang pflegen würde. Bei näherer Betrachtung stellte sich das für mich allerdings immer noch als zu viel heraus. Zudem kapierte ich, dass ich keinen wirklichen innerlichen Abstand bekommen würde, wenn ich weiter an sämtlichen Dingen teilnahm. Zudem merkte ich, dass sich gewisse Leute nun fragten, ob sie denn wohl zu den für mich belastenden Kontakten gehörten (oder hoffentlich nicht?) und sie mich somit weiterhin sehen und sprechen könnten? Das, was als gut gedacht gemeint gewesen ist, stellte sich als noch nicht ausreichend zu Ende gedacht dar. Mit diesem Dilemma suchte ich meine Seelsorgerin auf, die mir daraufhin einen völlig schockierenden Vorschlag machte: drei Monate komplette Gemeindeabstinenz! Mein erster Gedanke war: „Also, bis jetzt fand ich deine Ideen ja immer sehr gut und hilfreich, aber das geht jetzt echt eine Nummer zu weit!“ Doch als dieser Gedanke etwas gesackt war, fand ich ihn auf einmal gar nicht mehr so abwegig. Zumal ich in den letzten Wochen selbst gemerkt habe, dass mir ein gesunder Abstand bis jetzt nicht gelungen war und mir ebenso die Frage der richtigen Beziehungspflege sehr zu schaffen machte. Dies wäre zumindest ein wirklich klarer Schnitt, der meiner Persönlichkeit vielleicht helfen könnte, weil die sich ja bislang immer irgendwo ein Hintertürchen offenließ und ständig in Gefahr war, faule Kompromisse einzugehen.

Ängstlich und unentschlossen

Im nächsten Moment kamen sofort Ängste in mir hoch: Was würde dieser Schritt mit den Beziehungen machen? Würden sich Menschen von mir zurückziehen? Würden Freundschaften ganz kaputt gehen oder Menschen nach dieser Zeit gar nicht mehr für mich da sein? Wieder einmal befand ich mich in einem Gefühlschaos und war in meiner Entscheidung hin und hergerissen. Das ging so nicht. Denn langsam aber sicher musste eine Entscheidung getroffen werden, da es nur noch kurze Zeit bis zu meinem Sabbatjahr sein würde. Ich betete und betete. Ich fastete für mich allein und machte die Sache mit der Entscheidung sogar zum Thema dieser Fastenzeit in der Hoffnung, einen Durchbruch zu erleben. Dieser blieb leider aus (die Fastenzeit hat allerdings andere erkenntnisreiche Dinge hervorgebracht). Mann, das hat mich wirklich umgetrieben, sogar mein Schlaf wurde dadurch beeinträchtigt!

Eine Entscheidung ist fällig

Das nächste Gespräch mit meiner Seelsorgerin stand bevor und ich beschloss, nach diesem Gespräch eine Entscheidung zu treffen, ob ich nun die Erleuchtung bekommen hätte oder nicht. An jenem Morgen schrieb mein Mann in seiner Handystatus-Andacht von Mose als Säugling, der von seiner Mutter erst versteckt gehalten wurde, weil der Pharao alle kleinen Jungen töten lassen wollte. Dann ging es weiter, dass sie ihn schließlich in ein Körbchen legte und auf den Nil setzte, im Vertrauen, dass Gott sich um ihr Kind kümmern würde (was er auch tat). Auf einmal dachte ich an meine eigene Situation. An die ganzen Dinge, die mir gerade Sorgen bereiteten – die ich festhielt und die mich festhielten. Ich bekam den Gedanken, dass es vielleicht an der Zeit wäre, all diese belastenden Dinge, alle Aufgaben und für mich schwierigen Menschen in ein „Körbchen" zu legen, aufs „Wasser" zu schicken und darauf zu vertrauen, dass Gott sich darum kümmern würde! War sie etwa da, meine Antwort? Nachdem wir in unserem Gespräch wieder eine Zeit lang über meine Entscheidung sprachen, aber zu keinem wirklichen Ergebnis gelangten, teilte ich mit meiner Seelsorgerin das Bild vom Vormittag. Ich sagte ihr, dass ich glaubte, dass dieses Bild von Gott kam – und ich es als Antwort auf meine Frage verstand. Daraufhin nahmen wir das Bild und gaben es ins Gebet ab. Im Gebet „packten" wir somit unseren Gottesdienst, meinen Hauskreis, meine Gebetsgruppe und die ganzen schwierigen Beziehungen in ein „Körbchen" und ließen es im Gebet aufs „Wasser" und zu Jesus schwimmen. Mitten im Gebet vernahm ich noch, dass ich auch meinen Mann mit in das „Körbchen" setzen musste, weil er einige von meinen Aufgaben übernommen hatte und ich darauf vertrauen musste, dass er diese gut machen würde.

Kompletter Rückzug

Die Entscheidung war somit gefallen: Ich würde mich drei Monate komplett aus der Gemeinde zurückziehen. In diesem Moment fühlte ich mich befreit, erleichtert und dankbar, dass Gott mich so liebevoll mit einer Antwort beschenkt hat! Dank dieser positiven Erfahrungen konnte ich diese Entscheidung dann auch den Menschen aus der Gemeinde übermitteln. Natürlich gab es zwischendurch immer einmal wieder wehmütige Momente bei mir, aber ich wusste, dass es richtig war. Und wie das eben immer ist, müssen sich theoretische Entscheidungen erst in der Praxis bewähren. So näherte sich ein Abend, an dem mein Mann ein erstes Teeniekreis-Meeting ohne mich leiten sollte, um mit den Mitarbeitern zu besprechen, wie es weiterging. Natürlich konnte ich mir nicht verkneifen zu fragen, wie es gewesen sei und was sie besprochen hätten. Eigentlich hatten wir uns vorgenommen, zukünftig nicht mehr über so etwas zu sprechen. Aber hallo, bis zu meinem Sabbatjahr war es ja schließlich noch eine Woche hin, also dürfte ich jetzt schon noch fragen.

Dinge wirklich loslassen

Es kam, wie es kommen musste: Mein Mann erzählte von den Ergebnissen und ich spürte so ein komisches Gefühl in mir aufsteigen und hatte sofort den Gedanken, dass diese Entscheidungen nicht gut wären und ich es ganz anders gemacht hätte! Dies musste ich meinem Mann natürlich auch gleich noch mitteilen. Also herrschte dicke Luft und das Herz wurde mir schwer. Mensch, es war aber auch echt nicht leicht, Dinge wirklich loszulassen und sie nicht zwischendurch wieder zu sich zurückzuholen! Inzwischen wusste ich allerdings, dass das Ganze ein Prozess war. Und der ging eben mal mehr oder weniger erfolgreich vonstatten, kam mal schneller oder langsamer voran, war ergo sowohl von Erfolgen als auch von Rückschlägen geprägt. Somit bestand Hoffnung, dass ich immer etwas dazulernen würde. Kurzfristig wurde ich dann nochmals richtig verunsichert, weil ein paar Leute nachfragten, was mein Rückzug denn nun ganz praktisch bedeuten würde, ob man mich jetzt gar nicht mehr kontaktieren dürfe? Nach kurzer Rücksprache mit meiner Seelsorgerin bin ich zu dem Entschluss gekommen, ihnen das Okay zu geben, mich hin und wieder zu kontaktieren, aber nur um nachzufragen, wie es mir ging – und dies mit der Bedingung, nicht über Gemeindedinge zu sprechen. Sollte ich merken, dass diese Art von Kontakt auch noch zu viel war, müsste ich ebenso diesbezüglich nochmals nachjustieren.

Meine Familie und das Sabbatjahr

Der Prozess des Sabbatjahres und alles, was damit in Verbindung stand, war natürlich nicht nur für mich, sondern ebenso für meinen Mann und meine Kinder aufregend. Unsere Kinder (damals zehn, 12 und 14 Jahre alt) gingen alles in allem sehr entspannt damit um – ich glaube, sie fanden es auch einmal gut, dass wir zu Hause nicht ständig über die Gemeinde sprachen. Sie waren es, die mich daran erinnerten, wenn ich diesbezüglich drohte, einen Rückfall zu erleiden. Meine älteste Tochter meinte nur, dass es aber schon irgendwie komisch wäre, dass ich im Gottesdienst nicht mehr neben ihr sitzen würde, ja, dass ich überhaupt nicht mehr dabei sein würde. Da wegen Corona gerade kein Kindergottesdienst stattfand, blieb meine jüngste Tochter sonntags sowieso daheim und schaute einen Online-„Kigo". Meine mittlere Tochter war gerade so dazwischen; sie schaute von Woche zu Woche, wie sie es machte, tendierte jedoch eher zum „normalen" (Offline-)Gottesdienst. Spannend zu beobachten wäre gewesen, wie sich die Kinder entschieden hätten, wenn alles „normal" (ohne die Corona-Begebenheiten) gelaufen wäre, ob sie dann sagen würden „weil Mama zu Hause ist, wollen wir auch zu Hause bleiben". Doch Gott sei Dank gingen unsere Kinder bislang immer jetzt gern in die Gemeinde! Am schwersten war das Ganze für meinen Mann. Er erlebte gerade den Zusammenbruch unseres bisher gelebten Familiensystems. Es machte ihm Angst, nicht zu wissen, wo sich das Ganze und vor allem, wo ich mich hinentwickeln würde. Wie schon ganz am Anfang erwähnt, hat er es genossen, mich so unterstützend an seiner Seite zu haben und alles mit mir besprechen zu können. Worüber würden wir uns überhaupt unterhalten, wenn nicht über die Gemeinde? Hätten wir überhaupt noch andere, eigene Gesprächsthemen? Wir merkten zum Glück, dass wir noch andere Themen hatten bzw. sich ganz neue Themen für uns fanden. In dieser Zeit sprachen wir sogar sehr viel und suchten nach neuen Wegen, um füreinander da zu sein und am Geschehen des anderen weiter teilzuhaben. So vereinbarten wir beispielsweise, dass ich nach einem Gemeinde-Meeting meines Mannes nicht nach Inhalten, sondern nur nach seinem Erleben fragte, und – für den Fall, dass ihn etwas belastete – er dies nur kurz schilderte, ohne den Inhalt zu erklären, und ich dann einfach für ihn da war oder für ihn betete. Es gab noch etwas, das schwer war für meinen Mann, nämlich dass für diese Zeit nicht mehr er allein derjenige war, der mich „geistlich" versorgen würde, sondern dass ich auch andere Gottesdienste ansah oder anhörte. Was wäre denn, wenn mir hier einer dieser hippen jungen Pastoren auf einmal besser gefallen sollte als er? Doch diese Angst konnte ich ihm nehmen. Außerdem sah ich ja auch weiterhin von daheim aus unsere Gottesdienste und bekam somit seine pastoralen Impulse! Aber man merkte, dass diese Entscheidung für uns alle sehr weitreichend war. Dennoch hatte ich von Anfang an das Vertrauen, dass Jesus für uns alle etwas Gutes auf den Weg bringen würde und wir noch staunen würden, was da Tolles herauskam! Schließlich heißt es in der Bibel, dass denen, die Gott lieben, alle Dinge zum Besten dienen müssen (Römer 8,28)!

Es geht los ins Sabbatjahr!

Alles geklärt?!

So hatte ich jetzt eigentlich inhaltlich alles geklärt, brachte in dieser Woche noch den letzten Hauskreis und das letzte Gebetstreffen und den letzten Gottesdienst hinter mich – und dann konnte es tatsächlich und ganz praktisch starten: mein Sabbatjahr! Ich hatte den Tipp bekommen, dieses Jahr in vier Quartale zu teilen und jedem Quartal ein Motto zu geben. Mein erstes Quartal, das von der völligen Abstinenz der Gemeinde und vielfältigen Kontakten geprägt sein sollte, stellte ich unter das Motto: „Vollständig zur Ruhe kommen!" Nachdem aller Termindruck und alle Verpflichtungen gewichen wären, wollte ich innerlich und äußerlich zur Ruhe kommen. Ausreichend schlafen, viele Stille Zeiten mit Jesus, viele Spaziergänge und Walking-Einheiten, das Buch „In die Weite leben" von Elena Schulte lesen, schöne Dinge mit meiner Familie erleben und einfach Sachen tun, die mir guttaten und Freude machten. Hierin war ich zwar, wie bereits erwähnt, noch nicht so gut. Doch ich machte mich auf den Weg, das herauszufinden, welche Dinge mir Freude bereiten würden. Ich fühlte mich erinnert an die Inhalte aus dem Kurs „Body – Spirit – Soul", ich vor längerer Zeit bereits mit Frauen aus meiner Gemeinde besucht hatte. Das ist ein christlicher Kurs, entwickelt von Heike Malisic und Beate Nordstrand. Hierdurch jedenfalls wurde mir ganz neu bewusst, dass wir eine Einheit aus Körper, Geist und Seele sind und es uns nur gut gehen kann, wenn wir für jeden dieser drei Bereiche gleichermaßen gut sorgen. Deshalb hatte ich mir vorgenommen, an jedem Tag meines Sabbatjahres für jeden Bereich eine Sache zu machen. So ließ ich das Experiment beginnen …

Die ersten Tage

1. Tag, 1.2.2021

Zunächst zuversichtlich

Der erste Tag meines Sabbatjahres startete recht entspannt. Ich hatte einen Plan, wie ich den Tag gestalten wollte, war somit zunächst guter Dinge. Doch schon beim Frühstück merkte ich, dass mich einmal mehr der Unterschied zwischen Theorie und Praxis einzuholen drohte. Mein erster Blick ging nämlich zu unserem Geburtstagskalender, auf dem ich jeden Morgen nachschaute, wer an diesem Tag Geburtstag hatte, da ich ja bislang als Kartenschreiberin für die Geburtstags-Gemeindeleute fungierte. Weil ich direkt sah, wer an jenem Tag Geburtstag hatte, begann ich sofort darüber nachzudenken, wer sich denn darum kümmern würde. Generell wollte erst einmal mein Mann diesen Job übernehmen. Doch es gehörte nicht gerade zu seinen Stärken, solche Sachen wie Geburtstage und das nötige Follow-up im Kopf zu behalten. Als er mir an diesem Tag einen guten Morgen wünschte, meinte er, dass ich mir doch bestimmt schon Gedanken darüber gemacht hätte, wer denn heute das „Geburtstagskind" bedenken würde. Ertappt! Wie gut man sich doch nach zwanzig Jahren kannte! Ganz zu meinem Erstaunen hatte er selbst sich allerdings schon Gedanken darüber gemacht. Ich konnte also Jesus (und meinem Mann) durchaus zutrauen, dass sie sich um die Dinge kümmern konnten! Der restliche Vormittag verlief sehr ruhig und so, wie ich es mir vorgestellt hatte, mit Stiller Zeit, einer guten Predigt und dem Lesen meines Buches.

Sich vor Menschen schützen

Kurz vor meinem Mittagsschlaf checkte ich (entgegen meines Vorsatzes) auf meinem Handy noch meine Nachrichten. Und was soll ich sagen, pünktlich zu Beginn meines Sabbatjahres bekam ich eine Nachricht von einer Person, die mich das Jahr zuvor sehr herausgefordert hatte, und von der ich wusste, dass sie zu den Personen gehörte, vor denen ich mich besonders in meinem Sabbatjahr schützen müsste. Es handelte sich auch direkt um eine sehr anklagende und vorwurfsvolle Nachricht, sodass ich bei mir dachte, was das denn jetzt solle? Und dann dieses Timing, zum ersten Tag meines Sabbatjahres! Da konnte doch nur einer dahinterstecken: der Gegenspieler Gottes, der Teufel, der Durcheinanderbringer. Also derjenige, der etwas dagegen hatte, dass ich mich jetzt in die Ruhe und Stille zurückzog, und der mir direkt am Anfang klarmachen wollte, dass er bei der Gestaltung auch ein Wörtchen mitzureden hätte!

Gegen Mächte und Gewalten

Am Anfang war ich sehr aufgebracht und wurde wieder sehr unruhig, doch als ich das Ganze schließlich entlarvt hatte, wurde ich wieder ruhiger und mir wurde klar, dass ich nicht gegen Menschen, sondern gegen Mächte und Gewalten kämpfte (nach Epheser 6,12)! Heute glauben ja viele nicht mehr daran, dass es den Teufel gibt, vielmehr wird er eher als Teufelchen verniedlicht, doch die Bibel spricht sehr deutlich darüber, dass es ihn gibt! Manchmal tarnt er sich sogar mit Bibelworten oder mit scheinbaren Gedanken Gottes (genauso machte er es, als er Jesus in der Wüste versucht hat, Matthäus 4,6 – oder denken wir an Eva und die Schlange im Garten Eden). Als ich das für mich klarhatte, startete ich in meinen Mittagsschlaf, allerdings wurden in diesem meine Gedanken wieder ordentlich durcheinandergewirbelt. Ich hatte mir in den letzten Tagen angewöhnt, in so einem Fall der Anfechtung nur noch kurz den Satz zu beten: „Danke Jesus, dass du dich jetzt darum kümmerst!“ Das half mir, meine Gedanken und Sorgen an Jesus abzugeben und mich nicht weiter in ihnen zu verlieren. Ich befürchtete, dass ich dieses Gebet in den nächsten Monaten noch sehr, sehr häufig zu beten haben würde. Doch

Jesus würde damit klarkommen, brachte er doch selber das Beispiel der „bittenden Witwe" in der Bibel, die ständig bei jemandem anklopfte, weil sie etwas zu essen haben wollte: Sie wollte nichts zu essen haben. Sie wollte ihr Recht bekommen, jemanden haben, der sich für sie und ihre Belange einsetzte. Als Witwe war sie so gut wie schutzlos (Lukas 18,1–8). Und dieses Beispiel verglich er mit unserem Gebetsverhalten, und dass wir ihn immer wieder mit unseren Bitten bestürmen dürften.

Spaziergang und Schnitzeljagd

Der nächste Programmpunkt dieses Tages war ein Spaziergang mit meinem Mann, um meinem Körper etwas Gutes zu tun. Bis vor meinem Sabbatjahr waren etwa zwei Drittel unserer Spaziergänge und Gespräche immer von Themen aus der Gemeinde bestimmt. Deshalb war es spannend, wie sich diese Situationen nun entwickeln würden, wenn doch diese Themen nun ausgespart werden sollten! Erstaunlicherweise ging es besser, als angenommen, und wir haben andere interessante Gesprächsthemen gefunden. Danach habe ich noch ein Spiel mit meinen Töchtern gespielt und nochmals später haben wir eine spannende Dokumentation über den christlichen Glauben angeschaut (Schnitzeljagd – mit Christus um die Welt!). Während mein Mann noch ein Meeting hatte, habe ich weiter in meinem Buch gelesen, und anschließend haben wir zusammen noch einen Film angeschaut. So neigte sich der erste Tag meines Sabbatjahres seinem Ende zu und ich war gespannt, was mich die nächsten Tage erwarten würde.

2. Tag, 2.2.2021

Angekommen?!

Mein zweiter Tag startete ähnlich wie schon der erste. Nachdem ich die tägliche Runde durch unser Haus gemacht hatte, habe ich meine Stille Zeit gehabt. Meine Gebetszeit ist deutlich kürzer geworden, weil ich gerade nicht für alles und jeden aus der Gemeinde betete. Kam mir doch mal jemand in den Sinn, betete ich mein neues Gebet: „Danke Jesus, dass du dich jetzt darum kümmerst." Auch an diesem Tag war ausgerechnet meine Mittagspause, in der ich stets ein wenig schlafen wollte, wieder sehr umkämpft. Warum konnte ich es mir zuvor nicht verkneifen, meinen Mann etwas zur Gemeinde zu fragen, denn das hat sofort wieder einen Gedankenkreislauf bei mir in Gang gebracht.

Mal nicht an alle denken müssen

Ansonsten merkte ich manchmal schon, dass es mir guttat, mal an nichts anderes als an meine Familie und mich selbst denken zu müssen. Am Nachmittag konnte ich sogar noch etwas weiterlesen. Aus meinem Vorsatz, jeden Tag etwas für meinen Körper zu tun, würde an diesem Tag nichts werden, da es regnete. Doch irgendwann hörte der Regen auf. Da eine meiner Töchter ohnehin Langeweile hatte, weil ihre Schwestern verabredet waren, und mir nach wie vor meine tägliche Bewegungseinheit fehlte, schlug ich ihr vor, mit mir im Garten Football zu spielen bzw. einfach den Football hin und her zu werfen. Es fühlte sich gut an, hat sozusagen echt Spaß gemacht, und wir haben uns nett unterhalten. Ich muss zugestehen, dass es die ganzen letzten Monate für mich oft eine Überwindung war, etwas mit den Kindern zu machen. Das lag daran, weil ich einfach zu müde und erschöpft war und mich alles sofort angestrengt hat. Doch jetzt im frisch gestarteten Sabbatjahr hatte ich sogar schon den Hauch einer Lust vernommen, um ohne Anlass, einfach so, für uns nachmittags Waffeln zu backen. Waren da vielleicht schon kleine Ansätze einer Besserung sichtbar? Abends hatte mein Mann dann noch den ersten Hauskreis ohne mich zu leiten. Doch hier fiel mir das Loslassen gar nicht so schwer, wie ich dachte, ich kam damit ganz gut klar.

Angenehme Ruhe
Eigentlich fand ich es sogar ganz angenehm, die Kinder nicht so unter Zeitdruck, sondern in Ruhe ins Bett bringen zu können. Danach mein Tagebuch zu schreiben und noch etwas anzuschauen oder zu lesen. Ich glaube, dass das Ganze für die Menschen um mich herum schwieriger war wie für mich selbst. Nachmittags wollte heute schon jemand aus der Gemeinde einen Kaffee mit mir trinken, doch ich habe es geschafft, die Person daran zu erinnern, dass ich mich gerade in meiner Auszeit befinde, somit habe ich die Einladung abgelehnt. Es würden mit Sicherheit noch Tage und Situationen kommen, an denen mir so etwas schwerer fallen würde, doch nun war ich erst einmal dankbar, den heutigen Tag gut bewältigt zu haben!

3. Tag, 3.2.2021

Gute Routinen und doch Aufruhr
Die letzten beiden Tage hatte sich bei mir eine gute Routine entwickelt: Erst etwas Hausarbeit, dann Stille Zeit, außerdem eine Predigt anhören und noch etwas in meinem Buch lesen. Trotz Homeschooling und drei Kindern zu Hause klappte das erstaunlich gut, dafür war ich Jesus sehr dankbar! In meiner Mittagspause fiel es mir immer noch sehr schwer, zur Ruhe zu kommen. Ausgerechnet in dieser Zeit kam mir dann wieder in den Sinn, dass eine Frau aus unserer Gemeinde gerade im Krankenhaus war und operiert würde. Normalerweise bzw. unter normalen Umständen wäre es für mich selbstverständlich, darüber nachzudenken, dafür zu beten und auch nachzufragen. Nun sollte ich mich um nichts und niemanden aus der Gemeinde kümmern. Aber galt das auch für solche Ausnahmesituationen? Es konnte mir doch nicht egal sein, wenn es jemandem um mich herum schlecht ging – soll ich das nun einfach ignorieren?

„Schatz, du hast frei!"

Über diese Gedanken sprach ich mit meinem Mann. Für ihn war das mal wieder ganz klar und leicht: „Schatz, du hast frei und sollst dich darum jetzt nicht kümmern!" Er wurde sogar ärgerlich darüber, dass ich überhaupt so viel darüber nachdachte. Tja, aber das war doch wirklich eine besondere Situation! Auf der anderen Seite gab es natürlich in der Gemeinde viele solcher „besonderen" Situationen. Doch war das nicht egoistisch und gefühlskalt, einfach nur an mich zu denken und den anderen in seiner Not zu ignorieren? Wie also war nun der angemessene Weg, damit umzugehen? Da kam mir wieder mein mittlerweile wohlvertrauter Satz in den Sinn: „Danke Jesus, dass du dich jetzt darum kümmerst."

In Gottes Hände legen

So habe ich diese Person im Gebet in Gottes Hände gelegt und mich selbst nicht weiter darum gekümmert. Mein Mann hat sich noch nach der Person erkundigt und ihr ausrichten lassen, dass wir für sie beten würden. Nachdem das geklärt war, konnte ich meinen Mittagsschlaf beruhigt fortsetzen. Weil das Wetter den ganzen Tag so schlecht war, haben wir noch Spiele gespielt. Irgendwann ließ der Regen doch noch nach, da entschieden mein Mann und ich spontan, eine kleine Runde spazieren zu gehen. Abends haben wir mit den Kindern noch unsere Dokumentation weitergeschaut und danach selbst noch etwas ferngesehen. Bedingt durch das Buch, das ich gerade las, hat mich heute ein Aspekt besonders angesprochen. Nämlich der, dass wir in unserem Leben allein in Gott völlig zur Ruhe kommen – und dass unsere Seele nur so tiefen Frieden findet! Jesus nimmt uns nicht alle Lebensstürme weg, aber inmitten dieser Stürme nimmt er uns in seine Arme, beschützt uns, lässt unser aufgewühltes Herz zur Ruhe kommen! Das ist es, was ich derzeit selbst immer wieder erlebe!

Mehrere Baustellen

Neben der „Baustelle“ Gemeinde, gab es noch jene meiner derzeitigen körperlichen Verfassung. Über die letzten Monate haben sich mehr und mehr körperliche Symptome eingestellt, vor allem im Herz-Kreislauf-Bereich, sowie damit einhergehende Ängste und Einschlafschwierigkeiten. Deshalb habe ich einen Termin bei meiner Hausärztin gemacht, die mich zu einem Kardiologen weitergeschickt hat. Ich war froh, dort sogar recht schnell einen Termin bekommen zu haben. Mit den Ängsten ist das bei mir so, dass diese mich schon seit meinem 16. Lebensjahr begleiten, als seinerzeit meine Oma schwer an Krebs erkrankte und kurz darauf daran verstarb. Seit dieser Zeit erlebe ich einmal stärkere, dann wieder schwächere Zeiten der Angst und damit einhergehenden Panikattacken, doch ganz weg ging das bis jetzt nie.

Ankämpfen gegen Ängste

Nun raubte mir dieses ständige Ankämpfen gegen die Ängste zusehends meine Kraft und wirkte sich ebenso auf mein Entspannungs- und Schlafverhalten aus. Ich weiß nicht, wie viele Gebete ich schon gesprochen habe bzw. für mich habe sprechen lassen, und wie viele Bibelverse zum Thema „Angst“ ich schon über meinem Leben ausgerufen habe. Leider habe ich bis jetzt auch in diesem Punkt keine „Spontanheilung“ erlebt. Ich glaube daran, dass Jesus das tun kann und ich möchte die Hoffnung darauf nicht aufgeben, doch bis jetzt scheint er einen anderen Weg für mich gewählt zu haben. Ich habe mich jedoch immer als getragen und gehalten empfunden und befreiende Momente erlebt. Mit Gottes Hilfe konnte ich sogar „Angstmauern“, wie sie z. B. beim Erwerben meines Führerscheins da gewesen sind, überwinden! Ich hoffte jedoch, dass dieses Angstthema in meinem Sabbatjahr angegangen werden konnte und sich hier etwas verändern würde.

Ich hoffte, dass sich eine Besserung einstellte durch etwas mehr Ruhe und Entspannung und mit anderen gesundheitsfördernden Maßnahmen. Zudem hatte ich mich dazu entschlossen, zusätzlich zu meiner Seelsorgerin noch eine Psychotherapeutin mit ins Boot zu holen, um mit ihr noch einmal speziell die Angstthematik besprechen zu können. Hier war es mir übrigens wichtig, vor allem einen fachlich versierten Therapeuten zu haben, er musste nicht christlich sein (meines Wissens war er das auch nicht), denn das Christliche wurde bereits von meiner Seelsorgerin abgedeckt. Was mich an diesem Tag dann noch ermutigt hat, war das Lesen der Zeitschrift „Lydia". Darin stehen immer sehr viele spannende Lebensberichte christlicher Frauen und ich finde es hilfreich zu erfahren, wie andere Frauen ihr Alltags- und Glaubensleben gestalten und mit ihren Herausforderungen und Kämpfen umgehen. Am Nachmittag hatte ich mich noch mit einer Freundin zum Spazierengehen verabredet. Es war ein wunderbar sonniger Wintertag und es tat gut, von dieser klaren Luft umgeben zu laufen. Danach haben wir noch einen Tee bei meiner Freundin getrunken. Obwohl das sehr schön gewesen ist, hat es mich im Nachhinein doch auch sehr angestrengt, da wir viele intensive Themen besprochen haben.

Beziehungen und Kontakte zurückfahren

Ich wusste, dass die Beziehungen und Kontakte das Herausforderndste in meinem Sabbatjahr werden würden, denn die vielen und intensiven Kontakte (vor allem in der Gemeinde) sind es gewesen, die mich so erschöpft und müde gemacht hatten. Trotzdem wollte ich mich nicht komplett zurückziehen. Und eigentlich sind Freundschaften etwas Gutes. Aber mein Körper und meine Seele waren zurzeit so gebrechlich, sodass selbst scheinbar gute Dinge sich im Nachhinein als zu belastend für mich herausstellen konnten. Ich war gespannt, wie sich das alles weiterentwickeln und ich damit einen für mich guten und gesunden Weg finden würde. Ja, und abends hatten wir mit unseren Töchtern dann noch den letzten Teil dieser bereits begonnenen Dokumentation angeschaut und im Anschluss noch ein spannendes Gespräch über den Heiligen Geist und seine Gaben, die Geistesgaben, gehabt. Die ganzen letzten Monate beschäftigte ich mich schon ausgiebig mit diesem Thema und fragte mich, welche Gaben mir wohl zugeteilt seien und wie ich diesen in meinem Leben Raum geben könnte.

Schon wieder zu viel und zu intensiv?

Das Einschlafen gestaltete sich an diesem Abend sehr problematisch. Ich hatte viele Ängste und auch viele Herzsymptome. War das ein Zeichen dafür, dass der Tag doch schon wieder zu viel und zu intensiv war? Es war echt nicht leicht zu akzeptieren, dass ich gerade nur so wenig Kraft zur Verfügung hatte. Andererseits, das muss ich auch sehen, hatte ich in den letzten, in absoluter Ruhe verbrachten, Tage schon kleine Besserungsansätze erlebt, die ich mir ja nicht wieder kaputtmachen wollte. Ich würde also viel Weisheit von Jesus brauche, was die Gestaltung der nächsten Zeit anbelangte!

5. Tag, 5.2.2021

Schwachpunkt voll getroffen

Heute bin ich mal wieder mit einem mir gar nicht lieben Schwachpunkt konfrontiert worden. Am liebsten würde ich den ja ignorieren, wie folgt: In meiner Familie gibt es eine Veranlagung von einem gestörten Lymphsystem, was dazu führt, dass gewisse Körperteile kräftiger sind, als dies der Norm entspricht, weil sich dort Lymphflüssigkeit ansammelt und nicht richtig abfließen kann. Ab meiner Teenagerzeit ging das los; vor allem meine Waden waren immer kräftiger geworden. Bis jetzt dachte ich, man müsste sich einfach damit abfinden. Doch in meiner Reha hatte mich ein Arzt darauf aufmerksam gemacht, dass ich mir zum einen Lymphdrainage verschreiben lassen könnte und zum anderen Stützstrümpfe tragen müsste.

Froh und doch verzweifelt

Erst war ich natürlich froh, dass man hier überhaupt etwas machen konnte. Doch die Nummer mit den Stützstrümpfen fand ich gar nicht so toll. Hallo, ich war doch gerade erst vierzig, so etwas tragen sonst nur Omis! Und wie unattraktiv ist das denn bitte schön? Außerdem ist es einfach ungerecht, dass ich das habe! Andere bekommen mehrere Kinder und bleiben gertenschlank. Und ich muss so etwas haben und ertragen, dass sich jedes Kilo doppelt bemerkbar macht? Das war doch nicht fair! Aber hatte ich eine Wahl? Ja, hatte ich, aber nur auf der negativen Seite. Denn ohne diese Maßnahmen könnte es mit der Zeit noch schlimmer werden. Na super! Also habe ich mir den Rat des Reha-Arztes zu Herzen genommen und mir Lymphdrainagen verschreiben lassen. Zudem habe ich mir diese äußerst ansehnlichen Strümpfe besorgt. Die Drainagen sind eigentlich ganz angenehm, weil sie wie eine Art Massage sind, aber die Strümpfe? Die ersten Tage habe ich sie brav angezogen, doch dann gingen sie mir so auf die Nerven, dass ich sie nicht weiter anziehen konnte. Sie haben mich einfach derart in meiner Bewegung eingeschränkt. Aber hier musste ich erfahren, dass ich mir dann auch die Drainagen schenken könnte, weil die Strümpfe das Wichtigste seien. Na gut, also doch. Ich musste somit ein Ja dazu finden. Zu dieser sch… Vererbung und zu der Ungerechtigkeit anderen Frauen gegenüber. Hatte ich nicht gerade schon genügend andere Dinge, die ich annehmen musste? Aber gut, anderen geht es schließlich wesentlich schlechter. Und hey, vielleicht würde Gott ja noch ein Wunder wirken, sodass ich die Strümpfe doch nicht mehr tragen müsste!

Noch ruhiger angehen lassen
Nachdem ich gespürt hatte, dass mich das Treffen mit meiner Freundin am Tag zuvor doch mehr beansprucht hatte, als ich gedacht hätte, habe ich es zumindest für den Rest des heutigen Tages etwas ruhiger angehen lassen: mein Buch zu Ende gelesen, meine Stille Zeit gehabt, einen Spaziergang mit meinem Mann unternommen, gefolgt von ein paar Spielen mit den Kindern und im Anschluss einem entspannten Fernsehabend.

6. Tag, 6.2.2021

Hilfe, freier Familientag!
Wochenende! Beziehungsweise unser freier Tag (Samstag). Das war bei uns manchmal eine spannende Angelegenheit, weil fünf Menschen fünf verschiedene Vorstellungen von einem freien Tag hatten. Der eine wollte zu Hause etwas schaffen, der andere einen schönen Ausflug unternehmen, der nächste wollte etwas spielen … und mittendrin ich, mit einem momentan sehr ausgeprägten Ruhebedürfnis! Normalerweise hatten wir uns vorgenommen, den Samstag schon freitags zu besprechen, damit es an diesem Tag keine endlosen Diskussionen mehr gäbe, doch irgendwie hatte das dieses Mal nicht geklappt. Deshalb stand ich an diesem Morgen recht angespannt auf und war leicht besorgt, was diesen Tag anbelangte.

Diskussion rasch beendet
Beim Frühstück ging es schon direkt los. Jeder teilte seine Vorstellungen mit. Wir haben diese Diskussion dann beendet und entschieden, dass mein Mann und ich uns nach dem Frühstück darüber beraten würden. Da wir vor Ort momentan ein kleines „Naturschauspiel“ hatten, nämlich Hochwasser am Rhein, entschieden wir, dort nach dem Frühstück einmal hinzufahren.

Anschließend wollten wir noch eine Runde durchs Städtchen bummeln. Nach anfänglicher Meckerei haben sich alle gefügt.

Gefahr erkannt, Gefahr gebannt
Wir hatten draußen sogar eine echt schöne Zeit, gefolgt von einer gemeinsamen, ausgedehnten Mittagspause. Ein Spiel mit unserer ältesten Tochter war auch noch drin. Das hatte sie sich schon so lange gewünscht. Die anderen beiden hatten sich zum Playmobilspielen zurückgezogen. Abends merkte ich aber, dass mir meine Stille Zeit fehlte – und während die Kinder ihren Abendfilm schauten, habe ich meine Stille Zeit nachgeholt. Meine Gedanken wanderten schon zum bevorstehenden Sonntag. Das erste Mal würde ich nicht mit in den Gottesdienst gehen. Ich war gespannt, wie das für mich und meine Familie so sein würde. Denn der Gottesdienst war und ist für mich sehr, sehr wichtig.

7. Tag, 7.2.2021

Erster Gottesdienst ohne mich
Heute fand also der erste Gottesdienst ohne mich statt. Es war spannend zu sehen, was das mit mir machte. Erst einmal freute ich mich darauf, dass der Sonntagmorgen dadurch nicht so stressig würde. Ich musste weder pünktlich mit allem fertig sein, was das Abräumen vom Frühstückstisch anging oder das Sicherstellen, dass die Kinder rechtzeitig fertig sind. Auch ein Essen musste ich nicht schon in der Früh vorgekocht bzw. vorbereitet haben. Mit meiner bei mir daheim verbliebenen Jüngsten (meine beiden anderen Töchter waren mit ihrem Papa im Gottesdienst) habe ich dann einen Online-Kindergottesdienst angeschaut. Im Anschluss wollte ich mir dann unseren Gottesdienst, der heute das erste Mal per Livestream stattfand (das war ohnehin so geplant, was sich für mich nun als besonders praktisch erwies), anschauen. Da sich

die damit zusammenhängende Technik jedoch noch einspielen musste, habe ich etwa eine halbe Stunde wartend vor meinem Smartphone gesessen. Das hat mich schon wieder gestresst und unruhig gemacht. Als der Gottesdienst dann endlich online war, funktionierte der Ton nicht. Natürlich war das nichts Schlimmes und irgendwie auch normal, wenn so etwas zum ersten Mal stattfand.

Gedankenspirale wegen Gemeindedingen

Bei mir ging innerlich schon wieder die Gedankenspirale los und ich beschäftigte mich ausschließlich mit Gemeindedingen, weil ich warten musste und es einfach nicht losging. Ich grübelte: Warum funktionierte das nicht mit der Übertragung? Was hätte man besser organisieren können? Hätte ich mir vielleicht doch erst einmal einen anderen Gottesdienst anschauen sollen? Doch ich wollte auch meinen Mann nicht enttäuschen, der ja ohnehin schon daran zu knabbern hatte, dass ich bis auf Weiteres zu Hause bleiben würde! Doch Tatsache war, dass es mir momentan guttat, von allem Abstand zu haben, und ich es sofort spürte, wenn ich mich wieder zu viel mit diesen Gemeindedingen beschäftigte. Gar nicht so einfach! Da musste ich wohl mal darüber beten, nachdenken und mit meinem Mann darüber sprechen, wie das in den nächsten Wochen am besten für uns wäre.

„Kinderfrei" bekommen

In den letzten Wochen hatte es sich so eingebürgert, dass ich sonntagnachmittags von meinem Mann „kinderfrei" bekam. Das tat mir sehr gut! Während mein Mann sich mit den Kindern im Schnee austobte, habe ich mir noch eine Zeit der Stille gegönnt, einen Gottesdienst angeschaut und dieses Tagebuch geschrieben. An jenem Abend war unser allwöchentlicher Eheabend angesagt. Mein Mann hatte etwas Leckeres gekocht und wir schafften uns eine kleine Restaurant-Atmosphäre, da wir ja Corona-bedingt zurzeit nicht ausgehen konnten. Habe ich schon erwähnt, dass ich einen tollen Mann habe, der mich liebt und mir das sogar zeigt? Der mich in all meinen Hoch- und Tiefphasen erträgt und mich in allem unterstützt? Danke, Schatz! So, das musste jetzt mal gesagt werden! Da heute Sonntag, also Ruhetag war, habe ich mir die Bewegungseinheit für heute geschenkt!

8. Tag, 8.2.2021

Mit Schwachheit konfrontiert

In den letzten Wochen und Monaten wurde ich ja schon oft mit meiner Schwachheit konfrontiert. Wenn ich dachte, jetzt geht es aufwärts, ging es nochmals ein, zwei Schritte zurück, so als ob mich Jesus vollkommen ruhigstellen und voll und ganz von ihm abhängig machen wollte. So auch heute wieder: Nach einem Arzttermin lief ich durch den Schnee nach Hause. Auf einmal trat ich falsch auf und in meiner Wade machte es ratsch. Ich konnte auf einmal nicht mehr auftreten. Glücklicherweise habe ich einen schnellen Termin beim Chirurgen bekommen, der eine Zerrung diagnostizierte. Das war natürlich erst einmal eine gute Nachricht, dass es nichts Schlimmeres war, tat aber trotzdem weh und bedeutete, dass ich wieder eine Zeit lahmgelegt sein würde! Dass Jesus in meiner Schwachheit zur Stärke wird, ist ja ein netter Satz, aber so langsam hatte ich es satt, schwach zu sein! Doch anscheinend gab es da noch etwas für mich zu lernen …

Hilfe annehmen

Richtiggehend froh war ich, dass sich heute eine Studentin aus unserer Gemeinde angeboten hatte, um mit meinen Kindern eine Runde im Schnee zu drehen. Ich liebe Menschen, die Spaß daran haben, zu helfen (auch wenn es mir manchmal schwerfiel,

Hilfe anzunehmen)! So konnte ich den Nachmittag ruhig angehen lassen, mein neues Buch „Warum Ruhe unsere Rettung ist" von Tomas Sjödin anfangen zu lesen und die erste Woche meines Sabbatjahres Revue passieren lassen. Bevor ich mit meinem Mann abends etwas fernsehen konnte, hatte er zuvor noch ein Meeting, sodass ich mir etwas von „ERF – Mensch Gott" anschaute. In diesem Format erzählten Menschen von ihren Alltagssorgen, Lebenskrisen und ihrer Begegnung mit Gott. Das ist sehr ermutigend und kann einem gute Impulse für die eigenen Situationen geben. Besonders diese eine Sendung, in der eine Frau von ihrem Weg heraus aus der Depression erzählte, erinnerte mich an meine eigene Situation. Sie beschrieb, wie es ihr viele Jahre sehr schlecht ging, sie sich immer wieder an Gott wandte und ihn bat, ihr zu helfen. Jahrelang tat sich nichts. Doch auf einmal veränderten sich ganz kleine Dinge, bis sie schließlich ganz gesund war. Auch ich betete nun schon viele Jahre um die Heilung meiner Ängste und meiner Erschöpfung. Die Spontanheilung ist bis jetzt ausgeblieben. Doch vielleicht ist mein Weg ähnlich wie der dieser Frau, dass Jesus in kleinen Schritten immer etwas verbessert?

Reflexion der ersten Woche

Zu Beginn der ersten Woche ging es mir fast gut, doch dann kamen wieder kleine Rückschläge. Ich verstand, dass ich Geduld mit mir und Jesus haben müsste, aber dass es auch schon erste kleine positive Dinge gab. Durch das gelesene Buch „In die Weite leben" blieben mir zwei Sätze im Kopf:

1. Manchmal beruhigt Gott den Sturm, aber manchmal lässt Gott den Sturm wüten und beruhigt sein Kind!
2. „Und dann muss man ja auch noch Zeit haben, einfach da zu sitzen und vor sich hin zu schauen." (Astrid Lindgren)

Für die bevorstehende Woche wollte ich eigentlich genauso weitermachen wie bisher, nur dass ich mir mit dem Treffen von Freundinnen nicht zu viel Stress verursachen und somit auch mal etwas absagen wollte, wenn es mir zu viel würde.

9. Tag, 9.2.2021

Nicht über Gemeinde sprechen

Seit Beginn meines Sabbatjahres ist es meinem Mann und mir eigentlich ganz gut gelungen, nicht über Gemeindethemen zu sprechen. Wir hatten uns im Vorfeld gefragt, wie wir in diesem Jahr damit umgehen würden, wenn für meinen Mann einmal eine belastende Situation entstehen würde bzw. wenn er selbst einen schlechteren Tag erleben würde. Es war klar, dass ich inhaltlich nicht mehr viel erzählt bekommen würde, aber ich wollte trotzdem an seinem Erleben teilhaben und mich dafür interessieren, was ihn beschäftigte. Wir einigten uns darauf, dass er mir in so einem Fall nur einen kurzen Wink geben würde, dass es ihm gerade nicht so gut ginge, und ich für ihn beten solle. Gestern nach einem Meeting war es dann so weit. Ich spürte, dass mein Mann irgendwie bedrückt war und das Meeting wohl nicht so ganz nach seinen Vorstellungen gelaufen war. Also fragte ich ihn, was denn los sei.

An die Vereinbarung halten!

Da merkte ich, dass er nun einerseits gern mehr erzählt hätte, dass aber auch er an unsere Vereinbarung dachte und sich bewusst zurückhielt. Mann, das war aber auch echt nicht einfach! Ich sah, wie es für uns beide schwer war, damit richtig umzugehen. Aber ich hatte die letzten Tage festgestellt, dass es mir nicht guttat, zu viel zu wissen. Irgendwie haben wir dann doch einen guten Mittelweg gefunden, und im Nachhinein sagte mir mein Mann, dass es ihm helfen würde, wenn der Fokus nicht auf dem Inhalt des Gesprächs liegen würde, sondern auf seinem eigenen Erleben und ich ihn dahingehend unterstützen würde. Das fühlte sich nach einem guten Kompromiss an und brachte uns auch wieder auf eine ganz neue Ebene, die wir bis jetzt so nicht hatten, da bislang der Fokus immer auf dem Inhalt eines Problems gelegen hatte.

Weiterhin Ruhe als Rettung
Meinem Bein ging es heute Gott sei Dank (mein Mann hatte Gott um eine schnelle Heilung gebeten) schon etwas besser und ich konnte es sogar schon wieder durchstrecken und leicht auftreten. Viel tun konnte ich jedoch nicht, daher ließ ich es ruhig angehen. Ich habe mein aktuelles Buch „Warum Ruhe unsere Rettung ist“ von Tomas Sjödin ausgelesen und es hat mir sehr gut gefallen und sehr in meine Situation gepasst. Es gab so viele starke Passagen, dass ich aus dem Unterstreichen gar nicht mehr herausgekommen bin. Besonders angesprochen hat mich die Stelle, als er über eine Nonne schrieb, die in einen Burn-out kam und dann ein Sabbatjahr in Jerusalem gemacht hat. Sie berichtete, wie müde und erschöpft sie in Jerusalem angekommen sei, wie sie erst einmal nur geschlafen hätte und anfangs nichts von der Stadt gesehen hätte. Und weiter, wie sie dann das Schreiben für sich entdeckt hatte und dadurch wieder Freude und Leben zurückgekommen seien und sie eine ganz neue Berufung entdecken durfte, nämlich die des Bücherschreibens. Man denkt ja immer, dass in einem Kloster die Entspannung zu Hause sei und es dort nicht zu einem Burn-out kommen könne. Doch ein Burn-out macht vor keinem Umfeld halt. Er kann jeden zu jeder Zeit treffen! Doch es war ermutigend zu lesen, wie Gott sie Stück für Stück aus dieser Tiefe herausholte und ihr Leben erneuerte! Mal schauen, wie Gott das in meinem Fall so machen würde …

Buch nimmt Gestalt an
Für diese Woche hatte ich bereits alle Predigten gehört, die ich hören wollte. Auch mein Buch hatte ich zu Ende gelesen. Beim Überlegen, was ich heute nach meiner Stillen Zeit machen wollte, fiel mir ein, dass ich mir vorgenommen hatte, mein Buchmanuskript am Computer abzutippen. Denn bislang war alles nur handschriftlich festgehalten und langsam wurde mir das sichtlich zu viel. Technisch bin ich gar nicht gut aufgestellt, deshalb war so etwas für mich immer ein schwerer Gang. Doch ich überwand mich und fing an, die ersten Seiten abzutippen. Auf einmal war ich so im Flow, dass ich gar nicht mehr aufhören konnte und bis abends weitergeschrieben habe, bis mein Arm wehtat.

Angenehme Rückschau
Es war sehr interessant, auf diesem Wege nochmals die vergangenen Wochen und Monate Revue passieren zu lassen und den Weg zu sehen, den Gott bis jetzt mit mir gegangen war. Ich war sehr gespannt, was Gott mit dem von mir Aufgeschriebenen machen wollte und ob daraus tatsächlich einmal ein Buch würde, das vielleicht gerade jemand in Händen halten dürfte, dem meine Geschichte in einer ähnlichen Situation Ermutigung und vielleicht sogar Hilfe wäre. Das fände ich schön.

Schlafen erneut schwierig
Der Abend und das Schlafen gestalteten sich leider wieder sehr schwierig, da ich mit vielen Ängsten und Symptomen zu kämpfen hatte. Ich hoffte sehr, dass Gott bald etwas in diesem Bereich tun würde, da dies meinen übergreifenden Heilungsprozess gerade doch sehr beeinträchtigte und mir viel von der Kraft und Energie raubte, die ich doch mühsam am Wiedergewinnen war. Doch was sich schon die letzten Jahre über bei mir abzeichnete, war die Tat-

sache, dass es eher nicht die Spontanheilungen waren, die Gott bei mir anwandte, sondern die schrittweisen Heilungen. Also durchalten und weitermachen!

11. Tag, 11.2.2021

Nicht gut für mich gesorgt

Heute habe ich einmal wieder einen Eindruck davon bekommen, dass ich nicht gerade ein Meister darin war, gut für mich zu sorgen. Weil ich so im Schreib-Flow war, habe ich heute fast den ganzen Tag an diesem Manuskript weitergeschrieben, obwohl ich merkte, dass es mir eigentlich mittlerweile zu viel und zu anstrengend wurde, dass ich davon sogar schon Rücken- und Schulterschmerzen bekommen hatte.

Keine halbfertigen Sachen?

Ich wollte einfach die Sache gut voranbringen und nicht halbfertig aufhören. Dabei war ich doch gerade in der Schonphase, wollte gut auf mich aufpassen und ein gutes Gleichgewicht zwischen Körper, Geist und Seele herstellen. Da jedoch mein Bein noch nicht allzu viel Aktivität zuließ, blieben nicht viele Alternativen übrig, und so habe ich einfach weitergetippt. Ich hoffte, dass ich daraus lernen würde, und mehr und mehr dazu überging, gut für die einzelnen Bereiche meiner Gesundheit zu sorgen!

Kraftspender statt Kraftvampire

Abends habe ich noch mit einer Freundin telefoniert, worüber ich mich sehr gefreut habe, weil wir nicht in derselben Stadt wohnten und uns deshalb nicht so oft sahen. Aber es tat immer gut, mit ihr zu sprechen. Besonders war vor allem auch, dass wir zusammen beten konnten. Das war definitiv eine Freundschaft, die mir Kraft gab, statt sie mir zu rauben, und ich war Jesus dafür sehr dankbar!

Erkenntnis und kleine Justierung

Neuen Rhythmus gefunden

Da ich mich mit dem Schreiben meines Buches in den letzten Tagen sehr übernommen hatte und damit wieder über meine Grenzen gegangen bin, hatte ich den Entschluss gefasst, nicht mehr jeden Tag weiterzuschreiben, sondern nur noch in Wochenblöcken die wichtigsten Erkenntnisse aufzuschreiben. Zumal das Buch sonst überdies sehr dick werden würde, wenn ich in diesem täglichen Rhythmus weitergeschrieben hätte. Nachdem ich das Buch „Warum Ruhe unsere Rettung ist“ gelesen hatte, ist mir noch einmal ganz neu die Bedeutung des Sabbattages deutlich geworden. Dieser ist bei uns wie gesagt der Samstag, weil an diesem auch mein Mann frei hat und wir an diesem Tag zur Ruhe kommen. Also wollte ich an diesem Tag auch definitiv von meinen Aufgaben ruhen!

12.2.–26.2.2021

Wieder mal Angst

Diese zwei Wochen waren stark von dem Thema Angst geprägt. Jetzt, da ich so richtig zur Ruhe kam, schien es, als könnten meine Ängste erst so richtig Raum einnehmen. Ich habe mich mit vielen Fragen diesbezüglich auseinandergesetzt: Warum habe ich so viele Ängste? Gibt es irgendeine Schuld in meinem Leben, die ich noch bekennen müsste? Vertraue ich Gott zu wenig? Und spreche seine Zusagen zu wenig über mir aus? Warum halten die Ängste so lange an und warum nimmt Gott sie mir nicht weg? Ich konnte jedoch definitiv sagen, dass ich sehr wohl an seine Zusagen glaubte, diese auch betend proklamierte und immer wieder mit seiner Hilfe und Heilung rechnete. Ebenso wenig konnte ich eine besondere Schuld erkennen.

Knackpunkt finden
Wo also lag der Knackpunkt? Dann schaute ich auf „ERF – Mensch Gott“ eine Sendung mit dem Pastor Volker Halfmann, der von seiner mit Ängsten und einer Zwangsstörung behafteten Geschichte berichtete. Schonungslos offen sprach er von seinen Gedanken, Gefühlen, Ängsten und Zweifeln. Das hat mich sehr beeindruckt, zumal er als Pastor ein Mann der Öffentlichkeit und ein Vorbild für viele ist. Ich erkannte mich in seinen Beschreibungen wieder und fühlte mich verstanden. Er beschrieb, wie er nach langem Suchen und Fragen an den Punkt gekommen sei, an dem er sich eingestehen musste: „Ja, ich bin krank und habe ein Problem!“ Aber an dem er zugleich erkannt habe, dass er dafür nicht verantwortlich war, und auch Gott nicht gegen ihn, sondern für ihn war! Zudem sei ihm ganz neu bewusst geworden, dass Jesus selbst doch gesagt hatte, dass er für die Kranken und nicht für die Gesunden gekommen wäre, da letztere schließlich keinen Arzt brauchen (Lukas 5,31). Ebenso seine weiteren Gedanken konnte ich stark bejahen: Jesus möchte nicht, dass wir uns auch noch eine doppelte, sprich geistliche Last auflegen, sondern möchte uns von aller Last befreien! Wir müssen nichts leisten oder tun, sondern einfach so, wie wir sind, mit all unseren Schwachheiten vor ihn kommen, uns ihm wie ein „Segel dem Wind“ hinhalten, uns ferner vergegenwärtigen: Gott ist da, und ich darf einfach nur sein und bin geliebt! Damit sprach mir dieser Pastor aus der Seele.

Befreit
Das hat mich sehr befreit, und spiegelte genau das wider, wonach ich mich selbst gesehnt habe!

Ein Zweites, was mich sehr ermutigt hat, war ein Artikel in der Zeitschrift „Aufatmen“ von Tobias Teichen, ICF- Pastor in München. Tobias Teichen litt an einer Herzkrankheit, die ihm immer wieder starke Probleme machte und die ihn durch das ein oder andere dunkle Tal gehen ließ. Er ist auch ein Mensch, der an Gottes Hilfe und Wunder glaubt und sich danach ausstreckt, der jedoch auch erfahren musste, dass Gott nicht alle Steine aus dem Weg räumt. Aber in alledem hat er Jesus trotzdem als „das Licht" erlebt, das das Dunkle hell macht, und als Denjenigen, der immer wieder hilft, weitergehen zu können. Unsere Aufgabe sei es einfach, uns in unserer Dunkelheit dem Licht zuzuwenden, und dann den Rest Jesus machen zu lassen!

An Jesus dranbleiben

Das wollte auch ich tun, mich Jesus zuwenden, bei ihm sein und mein Dunkel von ihm erhellen lassen. An ihm dranbleiben, auch wenn nicht sofort alles gut würde. Und gleichzeitig jederzeit mit seinem Eingreifen oder mit einem Wunder zu rechnen! Ich habe einmal gehört, dass das beste Gebet eines Christen „Herr, hilf!" sei, da es einen in der Abhängigkeit von Jesus hält! Dieses Gebet hatte ich in diesen zwei Wochen sehr häufig gebetet. Ganz praktisch hatte ich mir jedoch zudem vorgenommen, eine Therapeutin zu kontaktieren, um dieses Angstthema auch nochmals professionell beleuchten zu lassen. Immerhin hatte Gott manche Menschen dazu befähigt, derlei Dinge psychologisch betrachten zu können. Es ist keine Schande, sich Hilfe zu holen. Auch kein Zeichen von Schwäche. Vielmehr – und ganz im Gegenteil – ist es ein Zeichen von Stärke, zugeben zu können, dass man Hilfe braucht. Volker Halfmann betonte nämlich noch, dass es immer wieder Rückschläge geben könnte und man sich rechtzeitig und präventiv Hilfe holen sollte!

Zwischenmenschliche Angelegenheiten

Gutgetan haben mir in den zurückliegenden beiden Wochen die Begegnungen mit Menschen, bei denen ich nichts leisten muss, sondern einfach ich, Daniela, sein kann, und dass wir eine schöne

Zeit zusammen verbringen, miteinander Spaß haben und Dinge teilen können. Von einer Freundin bekam ich übrigens einen kleinen Aufmunterungsbrief mit zwei Schokolädchen und dem Spruch: „Wenn das Leben dir Zitronen bietet, mach Limonade draus!" Das empfand ich als sehr wohltuend!

Mich hatte da noch ein weiteres Thema beschäftigt, das damit zu tun hatte, dass ich mich derzeit ja von der Gemeinde bewusst abschirmte. Ich fragte mich, ob ich als Pastorenfrau innerhalb der Gemeinde und in Bezug auf die Pflege von Freundschaften manche Frauen anderen Frauen „vorziehen" dürfte. Darf ich mich also jetzt in meiner Auszeit mit einigen treffen, mit anderen aber nicht? Ich bin zu dem Entschluss gekommen, dass ich das darf, da ich ja nicht nur Pastorenfrau, sondern auch ein Gemeindeglied bin wie jeder andere auch. Dass ich auch einmal nur Daniela sein darf, mit eigenen Interessen und Freundschaften. Bei den anderen Frauen in der Gemeinde war das schließlich ganz genauso! Natürlich lasse ich das die anderen Frauen nicht spüren, und behandle jede Frau mit der gleichen Wertschätzung. Doch Unterschiede in der Intensität der Beziehungen darf es schon geben.

Kleingläubig? Träger suchen!

Eine weitere Sache, die mich beschäftigt hat, war die Begebenheit aus Markus 2,1–12. Es geht um vier Freunde, die ihren gelähmten Freund zu Jesus brachten. Dort wird berichtet: „Als Jesus ihren Glauben sah, wurde der Kranke gesund." Das heißt, es gibt Zeiten im Leben, in denen mein Glaube klein und begrenzt ist – und in diesem Moment kommt der Glaube meiner Freunde und Glaubensgeschwister für mich zum Tragen. Ich bin immer sehr froh, wenn mir Leute erzählen, dass sie für mich beten, gerade in Zeiten, wie ich sie gerade erlebte. Auch ich selbst wollte so jemand sein, der im glaubenden Gebet für andere eintrat!

Aufbauende Bibelschätze

Zum Abschluss dieser Betrachtung meiner ersten beiden Wochen möchte ich noch einige Aussprüche festhalten, die mich sehr angesprochen haben:

„Du wirst nie begreifen, dass Jesus alles ist, was du brauchst, bis er alles ist, was du hast!“ (Corrie ten Boom)

„Wenn ich mich bemühe, dann scheitere ich. Wenn ich vertraue, dann ist er (Jesus) erfolgreich!“ (unbekannt)

„Er (Jesus) muss wachsen, ich aber muss abnehmen.“ (Johannes 3,30)

„Je mehr ich lerne Kind zu sein, umso erwachsener werde ich in Gottes Augen!“ (Martin Scharnowski, Pastor der Treffpunkt Leben Gemeinde)

„Wenn man entsprechend seiner Prioritäten lebt, macht einen das glücklich!“ (aus dem Buch: „Sofapausen für junge Mamas“ von Anne Löwen)

„Ausgewogen zu leben, bedeutet dem viel Zeit zu widmen, dem ich viel Wert gebe!“ (aus dem Buch: „Sofapausen für junge Mamas“)

„Indem ich Jesus Platz mache, werde ich eigentlich erst richtig zu der Frau (dem Mann), die (der) ich sein möchte. Eine Frau (ein Mann), in der (dem) Jesus zu erkennen ist, die (der) erfüllt ist von ihm!“ (aus dem Buch: „Sofapausen für junge Mamas“)

Aufgrund der letzten drei Aussprüche habe ich mir einmal meine eigenen Prioritäten im Leben angeschaut und ebenso, wie viel Raum ich ihnen bis zu diesem Zeitpunkt gab. Ich dachte in Richtung der Dinge, die Jesus für mich vorbereitet hatte (nach Epheser 2,10) – aber auch an jene, welche er eben nicht für mich vorsah.

Da würde es in den nächsten Wochen und Monaten noch ganz schön was für mich zu reflektieren und justieren geben!

Und noch ein letzter Bibelvers hat mich sehr bewegt, da er das ausdrückt, was ich in dieser Zeit der Ruhe und Stille zunehmend verstehe, entdecke und auch immer öfter erlebe: „Ich bin zur Ruhe gekommen, mein Herz ist zufrieden und still: Wie ein kleines Kind in den Armen seiner Mutter, so ruhig und geborgen bin ich bei dir!" (Psalm 131,2)

Allein bei Jesus finde ich echte Ruhe und Geborgenheit! Ebenso meine Seele und mein Herz finden bei ihm alles, was sie brauchen. Sie erhalten Geborgenheit, auch wenn drumherum so mancher Sturm tobt!

27.2–15.3.2021

Unter der Oberfläche

In den letzten Wochen hatte ich oft das Gefühl, dass mein Zustand eher noch schlechter als besser würde. Ängste, Panikattacken und Schlafschwierigkeiten machten mir stark zu schaffen und raubten mir meine Kraft und Energie. Wie konnte das sein, dass ich doch bereits dabei war, möglichst sämtliche Stressfaktoren aus dem Weg zu räumen, es mir aber trotzdem eher noch schlechter ging? Mit der Zeit dachte ich mir schlussendlich, dass es vielleicht sogar normal war, dass in der absoluten Ruhe die Dinge hervortraten, die sonst für gewöhnlich unter der Oberfläche verborgen bleiben, und die nun einen Raum hatten. Ich hatte jetzt die Zeit, mir diese Dinge genauer anzuschauen und mich ihnen mit Aufmerksamkeit zu widmen. Des Weiteren kam ich zu dem Entschluss, dass es mir nach eineinhalb Monaten Sabbatjahr noch gar nicht unbedingt bombig gehen müsse, sondern dass ich mich immer noch ganz am Anfang befand und einfach mehr Geduld mit mir haben müsste, was ja nicht gerade zu meinen Stärken gehörte. Nach langem Ringen habe ich mich schließlich entschieden, meinen Schlafproblemen mit etwas pflanzlicher Medikation beizukommen. Gegen Medikamente hatte ich mich stets gewehrt, weil ich glaubte, dass mit Gebet und Vertrauen das Ganze zu schaffen sei. Aber es gibt Situationen, in denen es wichtig ist, sich Unterstützung zu holen. Hier sollte man nicht zu stolz sein, das für sich in Anspruch zu nehmen.

Lobpreis entdecken

Was ich als stärkendes Element ganz neu entdeckt habe, ist der Lobpreis, also Gott Lieder zu singen, ihn dadurch zu ehren und anzubeten. Lobpreis spielte in meinem Leben schon immer eine wichtige Rolle, doch jetzt verstand ich ganz neu, welche Kraft darin lag, Gott auch in schwierigen Zeiten zu loben! Hierzu hatte ich dann direkt eine Bibelstelle entdeckt, die ich vorher noch nie bewusst wahrgenommen hatte: „Aus dem Lobpreis der Schwachen und Hilflosen baust du eine Mauer" (Psalm 8,3; Gute Nachricht)! In die Kategorie der Schwachen gehörte ich definitiv gerade hinein. Und welche mutmachende Zusage, dass Gott aus meinem schwachen Lobpreis so etwas Starkes wie eine Mauer errichtet! Ich mache deshalb jedem Mut, Gott nicht nur in Zeiten zu loben, in denen es uns gut geht, sondern gerade dann, wenn uns gar nicht danach zumute ist! In der Bibel steht auch: „Wer Dank opfert, der preist mich!" (Psalm 50,23; Luther 2017) – und ja, manchmal ist es ein Opfer, aber dieses Opfer lohnt sich! Dadurch werden die Probleme nicht auf einmal weg sein, aber der eigene Blick darauf verändert sich, weg von unseren Problemen und hin zu Jesus!

Gott machen lassen

Eine weitere neue Entdeckung bestand für mich darin, dass ich für bestimmte Dinge nicht mehr beten würde. Wie das denn, sollen wir nicht vielmehr anhaltend und beharrlich für Dinge beten, selbst wenn sich eine Situation nicht verändert? Ja, das stimmt, doch manchmal gibt es Momente, in denen man sich nur noch im Kreis dreht, auch im Gebet. Also dass man in einer Sache feststeckt und es vielleicht mal dran sein könnte, Gott diese Sache hinzulegen und ihm zu sagen: „Herr, ich habe dir diese eine Sache jetzt ausführlich genug gebracht. Du weißt darum. Ich lege diese Sache jetzt vor dich hin und bitte dich, dass du dich darum kümmerst!" Und dass man dann eben nicht mehr dafür betet und Gott machen lässt! Das fühlte sich im ersten Moment fremd und komisch für mich an, zugegeben, doch dann spürte ich eine Entlastung und Befreiung, weil es mich zusehends beschwert hatte, dieselbe Sache immer und immer wieder vor Gott zu bringen, ohne dass sich hierin etwas getan hätte. Passend dazu habe ich einen schönen Spruch von dem evangelischen Theologen Hans-Joachim Eckstein gelesen: „Ich habe keine Hand frei, das Leben zu ergreifen, während ich mich ängstlich mit beiden Händen an das klammere, was mein Leben einschränkt!"

Schwächen der Kinder

Mit meiner eigenen Schwäche lernen umzugehen, ist ja schon sehr herausfordernd. Doch in den letzten Wochen und Monaten des Homeschoolings bin ich zudem damit konfrontiert worden, wie ich mit den „Schwächen" meiner Kinder umzugehen habe. Obwohl ich am Lernen war, mit mir selbst gnädig zu sein, bin ich es mit meinen Kindern oft nicht gewesen. Ich begegnete ihnen mit meinem Perfektionismus. Konnte es schlecht akzeptieren, wenn etwas nicht so lief, wie ich das gern gehabt hätte. Und ich setzte sie damit unter Druck, obwohl ich ihnen doch eigentlich genau das Gegenteil vermitteln wollte! Zumindest, das hatte ich jetzt gemerkt, konnte ich versuchen, dagegen anzugehen. Ich bin so dankbar, dass ich mit alledem nicht allein war und bin, sondern dass ich ein dreiköpfiges Helferteam (Gott, Jesus und den Heiligen Geist) an meiner Seite hatte und habe, die ich jederzeit um Hilfe bitten darf. Also musste ich es nicht aus eigener Kraft schaffen, sondern mit Gottes Kraft! („Alles kann ich, durch den, der mich mächtig macht“! – Philipper 4,13) Als unsere Kinder noch klein waren, erzählte mir einmal eine Mutter, dass sie jeden Tag das Gebet spreche: „Herr, füll du den Mangel aus, den ich bei meinen Kindern hinterlasse!“ Dieses Gebet habe ich mir seitdem zu eigen gemacht und es schon unzählige Male gebetet! Wir alle können tagtäglich nur aus der Vergebung von Jesus leben! Doch vor diesem Hintergrund können wir gnädig mit uns selbst und mit unseren Mitmenschen sein – also bestand noch Hoffnung für mich!

Spätestens rechtzeitig erhört

Es war so schön, in diesen Tagen erleben zu dürfen, wie Gott versorgt und sich um die Dinge kümmert. So hatten mein Mann und ich schon sehr lange dafür gebetet, dass Gott ein Ehepaar schickt, das die Teeniearbeit weiterführt, damit zunächst ich mich daraus zurückziehen könnte und später mein Mann ganz ebenso. Das war gerade im Hinblick auf mein Sabbatjahr aktuell geworden, als festgestanden hatte, dass ich zwangsweise mit der Arbeit aufhören würde. Kurz bevor ich in mein Sabbatjahr ging, kam tatsächlich ein neues Ehepaar zu uns in die Gemeinde und ließ uns relativ bald wissen, dass sie gern die Teeniearbeit übernehmen würden. Gott ist so gut – und folgender Satz stimmt haarscharf: „Gott kommt spätestens rechtzeitig!“ Noch ein weiterer Mitarbeiter ist hinzugekommen, sodass sich vielleicht sogar mein Mann bald komplett aus dieser Arbeit zurückziehen könnte. Danke, Jesus!

23.3.–13.4.2021

Wüstenzeit?

Auch in diesen Wochen war das Thema Ängste wiederum sehr vorherrschend. Für mich fühlte sich das an wie eine Wüste, in der ich mich befand – völlig ausgetrocknet, kaum in der Lage, weiterzugehen, kein erkennbares Ende in Sicht. Zusehends frustrierte mich die Tatsache, dass ich mich innerhalb meines Sabbatjahres, das gedacht war zur Stärkung und Kräftigung, so schlecht fühlte! Sämtliche Stressoren hatte ich mittlerweile so gut es geht minimiert, da müsste es langsam wirklich bergauf gehen, oder nicht? In dieser Zeit schaute ich mir eine Frauenkonferenz an. Das Thema lautete: „Wie ein neues Lied deine Wüste bewässert!" Wie passend! Grundlage war Psalm 63, als David vor seinem Sohn in die Wüste fliehen musste. In dieser Situation hätte er allen Grund gehabt, ein Klagelied anzustimmen – doch was tat er(?) – schrieb ein Loblied! Die Frage der Sprecherin ans Publikum war daraufhin, welches unser Lebenslied sei. Ich stellte fest, dass mein Lied gerade in Moll vertont war, und ich wenig Motivation hatte, Gott zu loben und zu preisen. Doch sie machte Mut, sein Lied von Gott umschreiben zu lassen und Gott trotz aller Umstände ein Loblied zu singen. Das probierte ich aus und war erstaunt, was dabei herauskam:

Mein „Psalm"

Mein Lebenslied wird gerade in Moll gesungen. Dunkle Wolken, eine Nebelwand, die undurchdringbar scheint, scheinbares Schweigen von dir und keine Sonne in Sicht.

Doch das ist nicht die Melodie, die mein Leben ausmachen soll.

Habe ich nicht schon oft in meinem Leben erlebt, dass sich dunkle Wolken wieder verzogen haben und dahinter die Sonne zu sehen war? Dass der Nebel sich gelichtet hat und dahinter deine Stimme hörbar war?

Und ergibt ein Leben mit dir nur Sinn und Freude, wenn ich sonnige Tage erlebe und ich mich gut und fröhlich fühle? Bist du es nur in diesen Zeiten wert, gelobt und gepriesen zu werden? Dann wäre meine Beziehung zu dir ja auf Gefühle aufgebaut. Und Gefühle sind ein brüchiges Fundament, die heute so und morgen so beschaffen sind!

In deinem Wort steht, dass derjenige, der dich preist, dir Dank „opfert". Und so möchte ich dir mein Lied nicht nur an schönen Tagen singen, sondern (gerade) auch an stürmischen Tagen!

Du hast gesagt, dass „dem Gerechten das Licht immer wieder aufgehen" muss (Psalm 97,11)! Deshalb warte ich gespannt und voller Hoffnung auf diesen neuen Sonnenaufgang!

Doch auch bis dahin singe ich dir mein Lied! Und auch wenn mir nach Moll zumute ist, möchte ich es in Dur umschreiben. Einfach, weil du es wert bist, gelobt und gepriesen zu werden – Amen!!!

Bibelverse bergen

In der zurückliegenden Zeit habe ich mich ganz neu mit der Bedeutung verschiedener Bibelverse auseinandergesetzt, da ich mich gefragt habe, warum ich vieles so ganz anders erlebe. Unter anderem habe ich mich mit diesem Bibelvers aus dem Johannesevangelium beschäftigt:

„Wen der Sohn frei macht, der ist wirklich frei."

Wenn dem so ist, warum war ich dann noch nicht frei von meinen Ängsten und meiner Erschöpfung und anderen Dingen, die mich belasteten? Betete und glaubte ich nicht genug? Halt, von derlei Zuweisungen hatte ich mich eigentlich längst verabschiedet gehabt. Aber was war es dann, was nun in mir aufstieg? So bekam ich in diesem Moment den Impuls, diesen Bibelvers noch einmal in seinem ganzen Kontext zu lesen. Hier fiel mir auf, dass dieser Vers sich in allererster Linie auf das Freiwerden von Sünde bezieht! Denn sobald Jesus in meinem Leben Raum genommen hat, hat die Sünde keine Macht mehr über mich bzw. kann mich nicht mehr versklaven. Das konnte ich direkt unterschreiben, da ich das doch selbst erlebt habe. Das war also der Zusammenhang.

Natürlich glaube ich daran, dass Jesus ebenso von anderen Dingen frei machen konnte, aber dies ist nicht die oberste Priorität, sondern zu allererst geht es ums Freiwerden von Sünde! Da ist mir ganz neu klar geworden, wie wichtig es ist, Bibelstellen nicht aus ihrem Zusammenhang zu reißen, sondern sie in ihrem Kontext zu sehen. Was habe ich mich nicht schon durch Bibelverse unter Druck gesetzt. Eben weil sie sich so nicht erfüllten und ich dachte, es läge an falschem Verhalten und zu wenig Glauben meinerseits. Deshalb hat mich diese neuerliche Erkenntnis echt befreit! Wie schon gesagt, möchte ich trotzdem jederzeit mit Gottes Eingreifen und seinen Wundern rechnen, doch Gott und auch sein Wort sind kein „Wunscherfüllungsautomat“, den ich nach meinen Vorlieben und Ideen bedienen könnte. Nein, Gott hält oft andere Dinge für wichtig, als dass er immer nur meine Umstände verändern und mich dadurch vermeintlich rundum glücklich machen würde.

Eine andere Stelle, die mir seit Langem schwer im Magen lag, war die Stelle aus Jesaja, 40,29–32, in der es heißt, dass Gott dem Müden neue Kraft schenkt, und er aufschwingt wie ein Adler. Ich glaubte und betete diese Stelle schon so lange, doch ich fühlte mich überhaupt nicht kräftiger und schon gar nicht wie ein aufschwingender Adler! Aber so stand es doch schließlich geschrieben? Natürlich möchte Gott uns wohltun und uns stärken. Doch die Frage ist, was er darunter versteht und auf welchem Wege er das machen möchte. Hier denke ich an die Stelle aus Jesaja 55,8, dass seine Gedanken nicht unsere Gedanken sind und seine Wege nicht unsere Wege! Ja, manchmal passiert etwas Kraftvolles von jetzt auf gleich, aber manchmal erneuert Gott auch nur die Kraft stückweise, von Tag zu Tag, von Augenblick zu Augenblick. Manchmal bleiben wir über eine ganze Zeit hinweg in einer Situation stecken und Gott hilft einfach dabei, durch diese Sache hindurchzukommen.

Wir sollten uns geistlich nicht so unter Druck setzen und Jesus vertrauen, dass er alles in seiner Hand hat und am Ende alles zu unserem Besten machen wird!

15.4.–30.4.2021

Warten

Dieser Zeit kann man die Überschrift „Warten“ geben. Ich wartete weiter darauf, dass etwas „passierte“ und sich veränderte. Ich las das Buch „Spuren deines Lichts“ von Sharon Garlough Brown, worin ich mich wiederfand – nicht zuletzt, weil auch die Thematik des Wartens zur Sprache kam. Hier zwei Auszüge daraus:

„Es ist der Schrei des Advents. Der Schrei, dass Jesus kommen und erlösen und erretten möge; der Schrei, das als Licht und Leben in das Chaos der Welt hineingekommen und leuchten möge, wie die Morgendämmerung über allen, die im Schatten der Furcht, der Verzweiflung und des Todes wandelten. Es ist der Schrei des Advents, dass Jesus kommen möge. Dass er wiederkommen möge.“

„Sprecht eure Sehnsüchte vor Gott aus! Ruft aus tiefstem Herzen zu ihm, bekennt ihm, wie sehr ihr darauf wartet, dass das Licht in die Dunkelheit durchbricht. Bittet Gott um Mut, voller Hoffnung zu warten!“

Sehnsüchte
In diesen Zeilen fand ich mich absolut wieder und sie beschrieben genau meine Sehnsüchte und Wünsche. Ich entdeckte, dass dies sogar ein biblisches Prinzip war: „Aber alle, die auf den Herrn vertrauen" – (hoffen/harren/warten) –, „bekommen immer wieder neue Kraft…" (Jesaja 40,29–31). Bislang hatte ich mich immer auf den zweiten Teil fokussiert, dass Gott neue Kraft schenkt, und war immer wieder frustriert, dass ich das so noch nicht erlebte. Bis mir der Anfang dieses Verses neu bewusst wurde, dass bevor die Kraft kommt, erst einmal Vertrauen, Hoffen, Harren und Warten angesagt ist! So bekam das Ganze für mich einen ganz neuen Sinn. Worauf wir jedoch immer zurückgreifen können und was immer verfügbar ist, das ist die Nähe und Präsenz Gottes und dass sein Licht immer scheint und selbst die tiefste Dunkelheit für ihn hell ist: „Wünschte ich mir: Völlige Dunkelheit soll mich umhüllen, das Licht um mich her soll zur Nacht werden! Für dich ist auch das Dunkel nicht finster, die Nacht scheint so hell wie der Tag und die Finsternis so strahlend wie das Licht" (Psalm 139,11–12).

Lichtblicke
Doch neben allem Warten gab es auch kleine Lichtblicke und Fortschritte: So hatte ich meinen ersten Termin bei einer Psychologin und sie hatte direkt eine Idee, was ich wegen meiner Schlafschwierigkeiten und Energielosigkeit unterstützend einnehmen könnte, und was bereits eine erste kleine Wirkung zeigte. Des Weiteren hatte sie eine konkrete Idee, wie sie mit mir arbeiten könnte. Dann hatte sie noch einen anderen körperlichen Zusammenhang hinsichtlich meiner Ängste gesehen. Auch wenn zu diesem Zeitpunkt noch nicht klar gewesen ist, ob ich bei ihr überhaupt einen Therapieplatz bekommen könnte, hat dieses Gespräch mir Mut gemacht, weil es mir das Gefühl gab, damit ein paar kleine Schritte vorwärtsgehen und etwas tun zu können!

Fragen zur Reflexion

Meine dreimonatige Gemeindeauszeit näherte sich nun ihrem Ende. Es wurde Zeit, zu reflektieren. Hierfür bat ich meine Seelsorgerin, mir ein paar Fragen zur Reflexion zu schicken, und machte mich dann daran, zu schauen, wie die ersten drei Monate meines Sabbatjahres so verlaufen waren:

1. Wie ist mein Nachtschlaf?
Durch das empfohlene Medikament der Psychologin (reines Melatonin, also das Schlafhormon, aus dem Drogeriemarkt) wurde es mit dem Schlafen etwas besser. Manchmal brauchte ich zwar immer noch etwas Zeit, bis ich einschlief, oder ich wurde nachts noch einmal wach, doch war ich insgesamt ruhiger, hatte nicht mehr ganz so starke Panikattacken und schlief schneller ein.

2. Habe ich in den drei Monaten gelernt, „Nein“ zu sagen und das auch zu leben?
Ja, das ist mir schon ganz gut gelungen. Ich habe mich an meine Vorsätze gehalten und Anfragen abgelehnt oder auf einen späteren Zeitpunkt verschoben.

3. Habe ich meine kreativen Hobbys oder eines davon wiederentdeckt?
Lesen war nach wie vor eines meiner praktizierten Hobbys. Neu entdeckt hatte ich für mich das Schreiben, das Spazierengehen mit Freundinnen und das Walken mit meinem Mann.

4. Sind mein Mann und ich genug im Austausch miteinander und haben eine Zeit nur für uns?
Wir haben einen fest eingeplanten Eheabend in der Woche, machen abends zusammen unsere Stille Zeit und gehen regelmäßig miteinander spazieren sowie auch walken.

5. Prozentual gesehen, wie viel Freude und Freiheit hast du in den vergangenen drei Monaten erlebt?
Durch meine Ängste und Panikattacken wurden meine Freude und Freiheit sehr eingeschränkt. Aber zwischendurch blitzten diese Zustände schon auch manchmal auf. Prozentual gesehen würde ich sagen 60 Prozent Ängste und Panikattacken, 40 Prozent Freude und Freiheit.

Es gab also noch einiges zu erreichen, aber es waren durchaus kleine Erfolge bereits sichtbar. Vor allem, was die Gemeinde anbelangte, war ich tatsächlich innerlich zur Ruhe gekommen und habe den nötigen Abstand bekommen, den ich so sehr gebraucht habe!

6. Gibt es etwas, was dich ganz neu interessiert?
Es war zwar nichts grundlegend Neues, aber es entfachte sich in mir wieder ganz neu der Wunsch, Menschen in Berührung mit Jesus zu bringen! So hatte ich in den vergangenen Tagen ein Gespräch „über den Himmel“ mit meiner alten Nachbarin und spürte, wie mich das mit Freude und Sinn erfüllte, ihr von Jesus erzählen zu können.

Bedingt durch meine Situation und die vielen Fragen, die bei mir aufgekommen sind, verspürte ich den Drang, die Bibel intensiver zu „studieren“ und Aussagen in ihren gedachten Zusammenhang zu bringen.

Als gänzlich neues Interesse habe ich das Schreiben entdeckt.

Des Weiteren würde ich gern noch meine musikalische Seite ausbauen, also mehr singen bzw. eine Plattform finden, auf der ich das Singen ausleben könnte, wie beispielsweise in einem Chor.

Obwohl ich das erste Quartal zum Teil sehr anstrengend und herausfordernd fand und ich mir in manchen Punkten schon weiter zu sein wünschte, war ich mit der Entwicklung doch alles in allem zufrieden. Trotz aller Stürme, die noch tobten, entfaltete sich in mir eine zunehmende Ruhe. Ich durfte zunehmend lernen, was es bedeutete, wirklich alle Sorgen an Jesus abzugeben, ihn machen zu lassen und auf sein Timing zu warten. Ich lernte, dass es genügte, einfach mal zu sein, nichts hervorbringen oder leisten zu müssen, und trotzdem unendlich geliebt und wertvoll zu sein! Dabei wurde ein Bibelvers mehr und mehr zu meiner erlebten Realität: „Nein, still und ruhig ist mein Herz, so wie ein sattes Kind im Arm der Mutter – still wie ein solches Kind bin ich geworden!“ (Psalm 131,2)

Ich verstand, dass die ganzen Wartezeiten dafür da waren, um mich wachsen zu lassen – in meiner Kapazität, in meinen Begabungen, in meiner Persönlichkeit und in meinen Leidenschaften. Ganz so, wie es in Habakuk 2,3 sehr treffend beschrieben steht: „Denn das, was du siehst, wird erst zu einer bestimmten Zeit eintreffen …“

In diesem Sinne startete ich voller Hoffnung und Zuversicht in das zweite Quartal meines Sabbatjahres, welches ich unter folgendes Motto stellte: „Baustellen bearbeiten.“

1.5.–18.5.2021

Baustellen bearbeiten

Mein zweites Quartal sollte sich nun also um das Motto „Baustellen bearbeiten“ drehen. Meine Baustellen bestanden einerseits aus meinen Ängsten und Panikattacken und meinen damit verbundenen Schlafproblemen. Dann natürlich aus der Verbesserung meiner körperlichen Verfassung – somit, unter anderem, aus den Bereichen Entspannung, Bewegung, Ernährung, Priorisierung meiner Aufgaben und meiner Rolle in der Gemeinde sowie dem Alltagsstress zu Hause mit den Kindern. Durch den Tipp der Psychologin, zum Schlafen reines Melatonin einzunehmen, hatte sich mein Schlafverhalten tatsächlich schon deutlich verbessert. Zudem bin ich dadurch im Gesamten etwas ruhiger geworden, habe abends kaum noch Panikattacken. Ich nahm mir mehr Zeit für Ruhe und Entspannung. Ebenso versuchte ich, mich mit der Beziehungspflege nicht unter Druck zu setzen, indem ich mir vornahm, maximal zwei Kontakte pro Woche zu treffen. Ich knöpfte mir außerdem alle meine Kontakte vor und untersuchte sie dahingehend, wie ich zu welcher Person stand, welche Kontakte mir guttaten und welche mich eher belasteten, und was die Intention dieser Verbindungen war. Ich stellte fest, wie viele Kontakte ich mittlerweile hatte, und dass es kein Wunder war, dass mich dieser Punkt am meisten überforderte. Obwohl erst ganz am Anfang, war ich zugleich froh, etwas Licht und Ordnung in das Ganze bringen zu können. Auch nahm ich meine bisherigen Ämter und Aufgaben nun genauer unter die Lupe und begann, (auszu-)sortieren.

Alte Muster und Ängste

Hierbei merkte ich wieder dahingehende alte Muster und Ängste in mir hochsteigen, Menschen nicht enttäuschen zu wollen und nicht allen gerecht werden zu können. In dieser Zeit las ich eine Andacht aus dem Buch „Geliebt mit allen Ecken und Kanten“ von Jess Connolly und Hayley Morgan, wo es genau um dieses Thema ging. Sie führten eine Bibelstelle aus Lukas 5,15–16 an, als Jesus umringt von Menschen war, die alle Erwartungen an ihn hatten, und Jesus sich in dieser Situation zurückzog, um allein zu sein und zu beten. Jesus selbst hatte also Erwartungen von Menschen enttäuscht – und er kam damit klar. Es war nicht seine oberste Priorität, ihre Erwartungen zu erfüllen, obwohl er sie doch zutiefst liebte! Die Frage war nicht, ob er sie liebte, sondern auf welche Weise er ihnen das zeigte. Und das tat er nicht, indem er alles tat, was sie wollten, sondern indem er sich seiner Berufung gemäß leiten ließ, von Gott, seinem Vater (am Kreuz für unsere Sünden zu sterben).

Zuerst Gott, dann die Menschen

Manchmal müssen ebenso wir Menschen enttäuschen, weil sie zu hohe Erwartungen an uns haben. Oder weil wir für uns die beste Entscheidung treffen müssen und diese sich nicht mit ihren Vorstellungen deckt. Ein anderes Mal enttäuschen wir Menschen, weil uns das Reich Gottes wichtiger ist als das, was uns diese Welt zu bieten hat. Für uns, die wir Jesus nachfolgen, ist es das Wichtigste, unseren Blick auf Jesus zu richten, ihn anzubeten und seinen Anweisungen zu gehorchen! Diese Erkenntnisse wollte ich mir immer mehr zu eigen machen und daraufhin meine Aufgaben und Motive prüfen und mich immer unabhängiger von der Erwartung und der Meinung anderer Menschen machen!

Alles hat seine Zeit, auch Aufgaben

Ein Zweites, das mir noch wichtig wurde, war die Tatsache, dass man Aufgaben, die man einmal übernommen hatte, nicht für alle Ewigkeit innehaben muss. Diese können vielmehr zeitlich begrenzt sein. Ich bin ein sehr gewissenhafter Mensch. Was ich einmal anfange, führe ich auch zu Ende – erst recht Aufgaben für Jesus! Doch dann wurde mir noch einmal der Bibelvers aus Prediger 3,11 deutlich, in dem es heißt, dass „alles seine Zeit“ hat. Das meint doch, dass jede Sache eine begrenzte Zeit hat und auch einmal zu Ende ist. Selbst Aufgaben und Berufungen innerhalb der Gemeinde dürfen sich verändern und zeitlich begrenzt sein! Mit diesem alten, neuen Wissen wollte ich alle meine Ämter und Aufgaben nochmals ganz neu und unvoreingenommen unter die Lupe nehmen und herausfinden, für welche (anderen) Dinge es denn nun für mich an der Zeit sein könnte.

19.5.–17.6.2021

Kräftemessen in der Schwachheit

In dieser Zeit habe ich einen weiteren Aspekt der Schwäche kennengelernt: die Akzeptanz meiner eigenen Schwachheit bedeutet gleichzeitig das Annehmen-Können, dass andere gerade „stark" sind und man selbst nicht!

Ich hatte mich mit Fragen auseinanderzusetzen, wie ich mit dem „Erfolg" und der Stärke anderer Frauen um mich herum umgehen könnte? Also anderer Frauen, die für die Dinge Kraft hatten, die ich auch gern machen würde? Oder die etwas tun, was ich vielleicht nie erreichen würde, weil Gott mir einfach andere Gaben und eine andere Berufung zugeteilt hat? Würde ich es schaffen, mich mit ihnen freuen zu können? Vielleicht sogar, von ihnen profitieren zu können? Sodass mir eine andere Frau mit ihren Gaben zum Segen werden kann? Oder ließ ich Bitterkeit und Neid wachsen und nähme mir dadurch meinen Segen weg, weil durch den Neid die Beziehung zu einer anderen Frau gestört würde, und verhinderte bereichernde Beziehungen?

Ruft die Berufung?

Könnte ich es akzeptieren, dass zum jetzigen Zeitpunkt vielleicht aber auch generell ein anderer Weg für mich dran war? Kurzum habe ich mich in puncto „freuen oder neidisch verbittern" für die Freude entschieden und somit dafür, das Potenzial anderer Frauen neidlos anzuerkennen. Ich war gespannt, wie ich das in der Praxis leben konnte! Genau in dieser Zeit hatte ich an einem Online-Kongress für Frauen teilgenommen, der das Thema Berufung hatte. Dort war dann die „Crème de la Crème" der erfolgreichen christlichen Frauen versammelt. So konnte ich meinen Vorsatz direkt in die Tat umsetzen. Als einige von ihnen erzählten, was sie trotz Familie und Haushalt alles geschafft haben, wollte meine Stimmung direkt kippen. Doch zum einen erinnerte ich mich an das, was ich mir vorgenommen hatte. Und schließlich kamen ebenso Frauen zu Wort, die das Ganze auf eine für mich alltagstaugliche Ebene brachten und erklärten, dass es nicht immer die hochtrabenden Berufungen seien, die zählten, sondern dass wir auch in unserem oft tristen Alltag leuchten könnten – und dass eben Jesus diese Dinge (die gewöhnlichen, alltäglichen Aufgaben) besonders mache, weil wir sie mit ihm tun und im Kleinen treu sein würden! Ein anderer Satz, der mich sehr angesprochen hat, lautete: Wir sollten nicht immer auf die Träume schauen, die wir noch nicht erreicht haben, sondern auch auf die, die wir schon erreicht haben! Dazu gehören auch so Dinge wie eine Familie gründen, Kinder bekommen … Da musste ich feststellen, dass ich schon einige Träume verwirklicht hatte und sich auch wieder Träume erfüllen würden, dass aber gerade eben etwas anderes dran war! Darin wollte ich zufrieden sein, und offen bleiben, was Jesus auch durch diese Situationen Gutes bewirken wollte.

Und schon wieder warten

Ansonsten waren diese letzten Wochen sehr anstrengend, da es mir körperlich nicht gut ging und mein Körper gefühlt jeden Tag mit einem neuen Symptom aufwartete … Das hat mich echt runtergezogen, wütend gemacht und obendrein die ein oder andere Frage an Jesus bei mir hervorgerufen. Ich konnte es einfach nicht verstehen, warum nicht endlich eine Besserung eintrat, sondern Dinge eher noch schlechter wurden, obwohl ich mir schon so viel

Stille und Ruhe gab, wie nur möglich! Ich fühlte mich von Gott verlassen und nicht gesehen. Wenn ich betete, hatte ich das Gefühl, ich führte einen Monolog. Ich bat Jesus, mir ein Zeichen seiner Güte, Liebe und Nähe zu schenken. Wenig später hörte ich eine Predigt mit dem Thema „Bei Gott zur Ruhe kommen". Inhaltlich ging es darum, dass es manchmal eine ganze Zeit dauern könne, bis Jesus mit seiner Berufung für unser Leben zum Zuge käme. So wie bei David, der nach seiner Salbung zum König dreizehn Jahre warten musste, bis er auch König sein konnte (nachzulesen in 1. Samuel 16ff)! Der Pastor ermutigte uns am Ende der Predigt, Gott zu fragen, wo er uns in „dreizehn" Jahren sähe, und ihn zu bitten, uns einen Bibelvers, ein Wort oder ein Bild zu schenken. Ich machte dies, habe allerdings nach meinen Erfahrungen der letzten Wochen nicht wirklich mit etwas gerechnet. Auf einmal kam mir aber erst ein Wort und dann noch ein Bibelvers in den Sinn. Dazu muss ich sagen, dass ich mir überhaupt nicht gut Bibelstellen merken kann, und wenn überhaupt, dann nur ganz bekannte, die ich schon hundertmal gehört habe! Doch dieser Vers, der mir da in den Sinn kam, war für mich überhaupt kein bekannter Bibelvers und ich musste ihn erst einmal aufschlagen, um überhaupt zu wissen, was dort genau steht. Auf einmal fühlte ich mich direkt angesprochen und hatte das Gefühl, dass dieser Vers eine Antwort auf viele Dinge war, mit denen ich mich in letzter Zeit auseinandergesetzt habe und die auch etwas mit meinem künftigen Weg zu tun haben könnten! Ich war echt überwältigt und beschämt, zugleich Gott unendlich dankbar für dieses Zeichen der Nähe und der Perspektive und Hoffnung! Gottes Uhren laufen anders und manchmal lässt er sich Zeit, aber wenn er dann redet, sitzt es und ist genau auf den Punkt! Wer in einer ähnlichen Situation steckt, sollte nicht aufgeben, sondern Gott so lange bestürmen, bis er sich einem zeigt! Wie die bittende Witwe in der Bibel, von der in Lukas 18,1–8 berichtet wird. Des Weiteren hat

Gott zugesagt: „Wer bittet, dem wird gegeben, wer sucht, der wird finden, und wer anklopft, dem wird aufgetan“ (Matthäus 7,7).

18.6.–27.7.2021

Abendmahl

In diesen Wochen ist ein mir altbekanntes Sakrament ganz neu in mein Blickfeld gerückt: das Abendmahl. Wie ich schon beschrieben hatte, ging es mir in den letzten Wochen körperlich sehr schlecht. Nun stand eine Untersuchung an, vor deren Ergebnis ich wirklich Angst hatte. Da bekam ich den Impuls, mit meinem Mann das Abendmahl gemeinsam einzunehmen. Aus dem Gottesdienst war uns das natürlich sehr vertraut, doch hatten wir das noch nie privat abgehalten. Mein Mann fand den Gedanken gut und so setzten wir den Impuls um. Es war ein sehr intensiver Moment. In einer anschließenden Gebetszeit bekam mein Mann ein Bild für mich, das genau zu dem Bibelvers und den Gedanken passte, die Gott mir vor ein paar Wochen geschenkt hatte (dabei hatte ich meinem Mann gar nichts davon erzählt gehabt). Es ermutigte mich sehr und machte mir Hoffnung, dass Jesus Gedanken und Pläne für mich hatte, die über meine momentane Situation hinausgingen, auch wenn es gerade noch nicht danach aussah. Das Ergebnis der Untersuchung war dann auch Gott sei Dank negativ, alles war in Ordnung!

Hoffnungsmoment

Ich habe ja schon geschildert, dass es manchmal dauern kann, bis Jesus sich in meinem Leben zeigt, und ich dann schon mal ins Wanken komme. Aber irgendwie schafft er es dann doch immer wieder, mir zum richtigen Zeitpunkt Lichtzeichen und Hoffnungsmomente zu schenken. So einen gab es auch, als es darum ging, wohin wir dieses Jahr in den Urlaub fahren könnten. Aufgrund der Coronasituation hatten wir keinen Urlaub gebucht, merkten jedoch, dass wir uns schon danach sehnten, dem Alltag zu Hause entkommen zu können. Für uns ergab sich die Gelegenheit, für eine Woche bei lieben Leuten aus unserem Gemeindeverband Urlaub machen zu können. Gott sorgt für uns und er weiß, was wir brauchen und was sich unser Herz wünscht.

Oasen in meinen Alltag einbauen
Nach dem Urlaub stand wieder ein Gespräch mit meiner Seelsorgerin an, um die letzten Wochen zu reflektieren und zu schauen, was der Schwerpunkt für die nächsten Wochen sein könnte. Als ich darüber nachdachte, ist mir aufgefallen, dass das Thema Gemeinde bei mir mittlerweile ziemlich gut zur Ruhe gekommen ist. Ebenso habe ich einige gute Handlungsweisen gefunden, um damit umzugehen. Es gab also doch Dinge, die sich entwickelten und positive Resultate zeigten. Deshalb schlug ich in der Seelsorge vor, dass wir uns die nächsten Wochen auf mein Privatleben und auf meine Person als Daniela fokussieren sollten. Witzigerweise hatte ich letztes Mal schon die Hausaufgabe bekommen, darüber nachzudenken, was ich mir als Daniela Gutes anbiete, kurzum: wie ich Oasen in meinen Alltag einbaute und welche Hobbys ich pflegte. Es war immer wieder toll zu sehen, wie sich die Dinge in unseren Gesprächen fügten, und wie dann so ein roter Faden erkennbar wurde. Das schrieb ich dem Heiligen Geist zu.

Ein weiterer Punkt, der meine Aufmerksamkeit erforderte, war die Frage, wie ich mehr Gelassenheit und eine größere Stressresilienz in meinen Alltag bringen könnte. Denn oft konnten mich kleinste Dinge – etwa Zickereien und Streitigkeiten der Kinder – in hohen Stress versetzen.

28.7.–3.9.2021

Nach den Sommerferien

Seit meinem letzten Eintrag sind nun einige Wochen ins Land gegangen. Das liegt vor allem daran, dass jetzt erst die Sommerferien vorübergegangen sind. In der Ferienzeit laufen die Uhren etwas anders. Man kommt dann nicht so sehr dazu, sich über Dinge Gedanken zu machen. Die ganzen letzten Jahre habe ich die Sommerferien immer als sehr anstrengend erlebt. Deshalb konnte ich sie nicht wirklich als Erholung empfinden. Dieses Jahr, nun noch mit einer Erschöpfung im Nacken, stimmte mich die bevorstehende Ferienzeit anfangs nochmals pessimistischer.

Ab in die Ehezeit – alles perfekt?!

Danach fuhren unsere Kinder eine Woche in ein Zeltlager; mein Mann und ich durften Ehezeit haben. Die Krönung war, dass mein Mann mir einen langgehegten Wunsch erfüllte und mich für ein paar Tage in ein ganz bestimmtes Wellnesshotel entführte, wo ich immer schon einmal hinwollte. Also sind wir mit vielen unerwarteten Dingen beschenkt worden. Die Ferien haben wir ergo ganz gut herumbekommen. Wer das das so liest, könnte denken, das sei doch alles perfekt gelaufen. Und ja, es war tatsächlich sehr schön, doch zugleich recht herausfordernd für mich. Denn durch meine Erschöpfung unterschied ich mich mit meinen eigenen Vorstellungen und Bedürfnissen oft sehr von denen meiner Liebsten. War ihnen nach viel Action und viel gemeinsamer Zeit zumute, war mir meist eher nach Ruhe und Rückzug. Und freuten sich die anderen gerade total an einem Erlebnis, fühlte es sich für mich tendenziell anstrengend und gar nicht so schön an. Vor allem an dem Hotelwochenende hatte mein Mann sich viel Romantik und eine schöne Zeit zu zweit gewünscht. Aber mir war manchmal so gar nicht nach Romantik und Zweisamkeit zumute. Mit Gottes Hilfe konnte ich mich im Großen und Ganzen sehr gut auf alles einlassen, doch wir haben auch schon viele frustrierende und enttäuschende Momente erlebt. Solche, in denen man mit Wünschen und Hoffnungen allein zurückgeblieben ist. Gerade für den Partner ist das oft schwer zu verstehen, dass doch offensichtlich schöne Dinge vom anderen in diesem Moment gar nicht als schön, sondern manchmal sogar als genau das Gegenteil wahrgenommen werden.

In der Ehezeit – Tatsachen akzeptieren

Es geht darum, die Tatsache zu akzeptieren, dass geplante Dinge vielleicht ganz anders ablaufen, als man sie sich vorgestellt hatte. Hier ist viel Gespräch nötig, um zu verstehen, was in dem jeweils anderen gerade vor sich geht. Und unbedingt davon auszugehen, dass der eine niemals etwas tut, um den anderen zu ärgern, sondern dass es vielmehr mit seiner momentan ganz speziellen Situation zu tun hat. Es braucht einen langen Atem und Geduld, um auszuhalten, dass so ein Zustand manchmal Monate oder gar Jahre andauern kann (wenn Gott nicht vorher ein Wunder wirken würde). Der Betroffene braucht auch Geduld und Verständnis – und zwar für jene Gefühle seines Partners, die durch unerfüllte Erwartungen und ungestillte Bedürfnisse hervorgerufen werden. Für mich bedeutete das immer wieder ein Abwägen, in welchem Punkt ich meinem Mann gerade entgegenkommen müsste und auch konnte bzw. an welchen Punkten es aber gerade nicht ging, und das dann offen zu kommunizieren.

Fragendes Umfeld nervt

Selbst nach einem halben Jahr Sabbatzeit stieß ich immer noch sehr oft an meine körperlichen und seelischen Grenzen, was mich oft einfach nur enttäuschte und frustrierte. Mittlerweile konnte ich auch Fragen nicht mehr hören wie „Wie geht es dir denn inzwischen?“ oder „Merkst du schon, dass du wieder stärker und fitter wirst?“. Deshalb versuchte ich, genau das an mein Umfeld zu kommunizieren, denn ich wusste, dass die Gemeindeleute es nicht böse meinten und oftmals unsicher waren, wie sie am besten mit mir umgehen sollten. Ich habe ihnen erklärt, dass es mir hilft, auch einmal über andere, normale Themen zu sprechen. Dass sie nicht den Anspruch haben müssten, mir durch schlaue Tipps oder Bibelverse zu helfen. Nein, es wäre hilfreich, wenn sie einfach nur da wären, mit mir Zeit verbrächten und für mich beten würden.

Berechtigt, ein Buch zu schreiben?

In den letzten Wochen habe ich mich oft gefragt, ob ich überhaupt berechtigt sei, ein Buch zu schreiben? Schließlich erlebte ich gerade alles andere, nur keine großen Fortschritte oder Wunder. Und hilfreiche Tipps hatte ich offenbar keine, als dass ich solche hätte teilen können. Doch dann erinnerte ich mich daran, dass es ja gerade mein Ziel war ein ehrliches, ungeschminktes Buch zu schreiben. Eines, in dem es nicht in erster Linie um Erfolg und Siege gehen würde, sondern um das Auf und Ab, die Höhen und Tiefen, in denen meine Leser sich hoffentlich wiederfinden können und merken, dass sie damit nicht allein auf dieser Welt sind. Dass es ebenso andere gibt, mich beispielsweise, die mit solchen Dingen zu kämpfen haben. Und natürlich gibt es sie auch, die schönen, unbeschwerten, hoffnungsvollen Momente – in denen für mich wieder ein Stück Licht am Ende des Tunnels erkennbar und in mir wieder das Bibelwort wachgerufen wird, dass Gott Gedanken des Friedens und der Hoffnung mit mir hat und er mir eine gute Zukunft schenken möchte (Jeremia 29,11; und im Großen und Ganzen waren unser Urlaub und das Hotelwochenende solche hellen Momente, auch wenn sie mit gewissen Einschränkungen verbunden gewesen sind)! Des Weiteren durfte ich erleben, wie Gott Gebet auch nach langer Zeit und erst nach vielen Gebeten erhört und wie er meine Unzulänglichkeiten in

Möglichkeiten verwandelt. Ich hatte schon sehr lange dafür gebetet, dass unsere Mädchen sich taufen lassen. Doch immer, wenn ich sie darauf ansprach, wollten sie nichts davon hören. Meine älteste Tochter wollte sich vor ein paar Jahren taufen lassen, doch weil ich glaubte, sie sei damals zu jung, habe ich es ihr ausgeredet. Seitdem war dieses Thema wie eine Mauer zwischen uns. Immer, wenn ich es ansprach, stieß ich auf Abwehr. Also betete ich fortan dafür. Und nun, etwa fünf Jahre später, kommen meine Mädels vom Zeltlager zurück und überraschen mich damit, dass sich unsere Älteste und die Mittlere taufen lassen möchten. Das war echt ein bewegender Moment für mich und ein Zeichen dafür, dass Gott am Wirken war, auch wenn ich es nicht merkte.

Unverbrüchliches Gottvertrauen

Deshalb glaubte und vertraute ich auch darauf, dass er ebenso am Wirken war, was meine Erschöpfung und meine Zukunft angingen, und dass er zu seiner Zeit und auf seine Weise (was manchmal schwer zu akzeptieren ist) handeln würde! Auf jeden Fall wollte ich an ihm dranbleiben und eben nicht nur dann mit ihm zusammen sein, wenn mein Leben sorglos und ohne Probleme verlief. Nein, ich wollte deshalb mit ihm zusammen sein, weil es für mich keinen anderen Ort gab, an dem meine Seele Heimat finden würde – in dieser Zeit und auch in der Ewigkeit! In diesem Zusammenhang wurde mir ein bestimmter Bibeltext (Johannes 6,66) ganz neu deutlich, in dem es darum ging, dass Jesus von vielen, die ihm nachfolgten, verlassen wurde, weil er ihre Erwartungen nicht bedient hatte, und Jesus dann die übrig Gebliebenen fragte: „Wollt ihr auch noch gehen?" Daraufhin antwortet ihm Simon Petrus: „Herr, wohin sollen wir gehen? Du hast Worte des ewigen Lebens; und wir haben geglaubt und erkannt: Du bist der Heilige Gottes." Zu diesem aus Johannes 6,68–69 stammende Bibeltext hat die Sängerin Thea Eichholz ein sehr bewegendes Lied geschrieben, nachdem ihr Mann viel zu früh durch Krebs aus dem Leben gerissen wurde. Das hat mich seinerzeit tief berührt. Gott sei Dank musste ich noch nicht so etwas Heftiges erleben. Doch eine Erschöpfung, die nicht weichen will, schüttelt einen auch ganz schön durcheinander und wirft viele existenzielle Fragen auf. Ich bin dankbar, dass Jesus mich bis zum gegenwärtigen Tag festgehalten hat und dass bis dahin mein Vertrauen zu ihm nicht zerstört wurde! Denn ich wusste, dass es für mich keine Option sein würde, ohne ihn zu sein. Und ich glaube, dass ich zunehmend verstehen durfte, dass Glaube mehr war als ein sorgloses Leben und oder aufeinanderfolgende Gebetserhörungen und Wunder, sondern dass in allererster Linie die Beziehung zu Gott als meinem Schöpfer und zu Jesus als meinem Retter relevant war, die irgendwann in einem ewigen Zusammensein mündete, und ich bis dahin so viele Menschen wie nur möglich auf diese Beziehung hinweisen sollte, damit auch ihre Seele zur Ruhe kommen und (in) ihre eigentliche Bestimmung (zurück-)finden würde! Hast du, lieber Leser, diese Beziehung schon kennengelernt? Wenn nicht, ist sie nur ein Gebet weit von dir entfernt:

„Danke, Gott, dass du mich geschaffen hast und du in einer Beziehung zu mir leben möchtest! Doch durch meine Schuld habe ich diese Beziehung zerstört. Danke, dass du deinen Sohn Jesus für meine Schuld hast sterben lassen! Ich nehme dieses Geschenk an und möchte von nun an, dass du der Herr meines Lebens bist! AMEN!"

Unser Umfeld

Was eine persönliche schwere Lebenssituation nicht nur für einen selbst verursacht, sondern ebenso für die Menschen in unserem Umfeld, habe ich ja schon in einem anderen Kapitel erwähnt. Nun ist in diesen zurückliegenden Wochen dies wieder ganz deutlich geworden, da meine (körperliche) Schwäche noch einmal einen Tiefpunkt erreicht hat und wieder kaum etwas ging. Mein Mann hatte in den letzten Wochen und Monaten viel Verständnis und Unterstützung gezeigt, doch je länger diese Situation andauert, umso schwieriger wurde es auch für ihn und zerrte an seinen Kräften. Vor allem wurde dies für mich daran erkennbar, als es mir an manchen Tagen sogar nicht mehr möglich war, auf seine körperlichen Bedürfnisse bzw. auf sein Bedürfnis nach Nähe einzugehen. Vom Kopf her bzw. aus Artikeln, die ich ihm zu diesem Thema gegeben hatte, wusste er, dass auch das eine Begleiterscheinung einer Erschöpfung war. Doch das in der Realität selbst zu erleben, forderte noch einmal mehr von ihm. Und es war sehr schwer für ihn, meine Distanz nicht persönlich zu nehmen, sondern allein meinem Zustand zuzuschreiben. Mir tat das alles sehr weh und ich wollte ihm so gern zeigen, dass ich ihm ja entgegenkommen will, doch manchmal ging es einfach nicht.

Gespräch, Gebet und auch Wissen

In diesen Momenten brauchte es viel Gespräch und gemeinsames Gebet, um aneinander dranzubleiben und sich nicht enttäuscht vom anderen abzuwenden. Auch Wissen über die Situation kann helfen, das Handeln des anderen einordnen zu können und nicht persönlich zu nehmen. In den Sendereihen „ERF – Mensch Gott“, „Superfromm“ (auf YouTube) oder „ERF – Gott sei Dank“ gibt es hilfreiche Berichte von Betroffenen, die man seinem Partner zeigen kann, um aufzuzeigen, dass man damit nicht allein dasteht, und wie andere damit umgegangen sind. Es gibt, denke ich, nicht umsonst Selbsthilfegruppen für Angehörige von psychisch kranken Menschen, da diese oft genauso stark beansprucht werden wie die Betroffenen selbst. Auch für Kinder ist dies eine sehr belastende Situation, weil sie ihre Mama oder ihren Papa in einer für sie unbekannten Verfassung erleben, oft traurig, schlapp oder müde. Weil ein Elternteil den Bedürfnissen der Kinder oft nicht adäquat begegnen kann und diese sich einem veränderten Tagesablauf stellen müssen, weil das betroffene Elternteil viel Ruhe und Pause braucht und manche Dinge nicht mehr möglich sind. Zudem haben Kinder kein Wissen über die Situation, das sie abrufen könnten. Deshalb löst das in ihnen Ängste aus und sie fragen sich, ob es jetzt immer so bleiben würde und das Normale nie wieder zurückkommen würde. Im schlimmsten Fall suchen sie sogar die Schuld der Situation bei sich. Da ist es wichtig, altersgerecht mit ihnen über die Situation zu sprechen, es ihnen zu erklären und vor allem, ihnen zu versichern, dass es nichts mit ihnen zu tun hat, sondern dass es eine Krankheit ist, die schon behandelt wird, und die einfach Zeit braucht, um wieder zu heilen. Wichtig hier ist noch, gemeinsam die Momente zu nutzen, in denen Kraft da ist, und dann schöne Dinge miteinander zu machen.

Anklang an Hiob?

Auch auf meinen Glauben bzw. auf mein Bild von Gott und Jesus hatte meine Situation in den letzten Wochen starke Auswirkungen. Dass ebenso ein Christ in schwierige, schwache Momente kommen könnte, war mir ja theoretisch klar. Doch dass man an eine absolute persönliche Grenze – bis hin zu einem Gefühl der Verlassenheit – kommen könnte, hätte ich nicht gedacht. Schließlich hatte ich Sätze im Kopf wie „Gott enttäuscht dich nicht“ oder „Er lässt nur so viel zu, wie wir ertragen können“ oder „Wir müssen zwar durchs Wasser gehen, aber werden nicht ertrinken, und durchs Feuer gehen, aber nicht verbrennen"… Doch gerade war ich enttäuscht von Gott, weil sich scheinbar nichts an meiner Situation veränderte und ich an manchen Tagen das Gefühl hatte, dass ich ertrinken würde bzw. alles über meine Kraft zu gehen schien! Was war also mit diesen Sätzen? Waren sie doch nicht richtig oder verstand ich sie nur falsch? Diese Fragen haben mich ganz schön umgetrieben und fertiggemacht. In dieser Zeit musste ich viel an Hiob denken, der Gott von ganzem Herzen liebte und ihm absolut gehorsam war. Der Teufel sprach daraufhin mit Gott über Hiob und sagte ihm, dass Hiob ja nur an ihn glauben würde, weil es ihm so gut ginge und er so vieles in seinem Leben hätte. Um das zu widerlegen, ließ Gott zu, dass der Teufel Hiob so gut wie alles wegnehmen durfte, nur nicht sein Leben! Hiob verstand die Welt bzw. Gott nicht mehr: Liebte er, Hiob, ihn nicht aus ganzem Herzen und hatte sich doch nie etwas Schlechtes zuschulden kommen lassen? Warum ließ Gott das zu? Hiob versteckte seine Gefühle und Gedanken nicht und konfrontierte Gott ganz ehrlich mit allem, was ihn beschäftigte. Am Ende bekam er keine Erklärung von Gott, warum das alles zu geschehen hatte, aber er erkannte ganz neu die Größe und Allmacht Gottes an. Somit gelangte er auf eine neue Ebene der Beziehung zu ihm, in der es nicht nur um Segen und Geschenke von Gott ging, sondern allein um die Beziehung zu ihm und das Anerkennen seiner Größe! Er erkannte, dass er vorher zwar viel über Gott gewusst hatte, dass er ihn nun aber „mit eigenen Augen gesehen hat" – das lesen wir in Hiob 42,5 (Luther): „Ich hatte von dir nur vom Hörensagen vernommen; aber nun hat mein Auge dich gesehen." In unserer reichen Gesellschaft habe ich auch das Gefühl, dass es in unserer Beziehung zu Gott vor allem um die Erfüllung unserer Bedürfnisse und um Geschenke und Gebetserhörungen geht.

Nur Wohlfühlglaube?

Doch was ist, wenn all diese Dinge ausbleiben? Was ist dann? Was bleibt dann von meinem Glauben und meinem Bild von Gott übrig? Würde ich immer noch daran glauben, dass er mich liebt, es gut mit mir meint, und dass es in erster Linie um ihn und nicht um mich geht? Wahrscheinlich werde ich nicht auf all meine Fragen bezüglich meiner Situation Antworten bekommen. Vielleicht werden manche Dinge nie ganz weggehen. Doch – und das ist der unerschütterliche wahre Glaube – ich habe mich dafür entschieden, daran festzuhalten, dass Gott mich liebt und er gute Gedanken über mein Leben hat. Dass er, wie er es mir versprochen hat, an jedem Tag an meiner Seite ist und mich nie allein lässt! Und dass das Leid, das ich gerade durchlebte, wie ausgelöscht sein würde im Blick auf das, was mich einmal bei ihm in der Ewigkeit erwarten würde. Ja, dass dort alle meine Tränen abgewischt und getrocknet sein würden (siehe Offenbarung 21,4)! Genau das sollte mein unverbrüchlicher Glaube sein!

Unser irdisches Dasein betreffend ist es uns nicht versprochen, dass wir vor allem Schlechten verschont blieben, doch es ist uns versprochen, dass wir in alledem nicht allein sein würden, dass wir getragen und begleitet würden! Als Christen neigen wir manchmal dazu, für die Not anderer Menschen schnelle Antworten finden zu wollen. Solche, die ihnen gefälligst helfen sollen, weil wir es selbst kaum aushalten können, dass eine Situation sich nicht so schnell verändert. Doch in solchen Momenten brauchen diese Menschen keine schnellen Antworten oder vielversprechende Bibelverse, sondern Menschen, die an ihrer Seite bleiben. Die zuhören, die mit aushalten und für sie beten. Und die vielleicht auch einmal ganz praktische Hilfe anbieten in Dingen, die gerade im Alltag in diesen Situationen oftmals nicht geschafft werden. Manchmal ist der Betroffene auch zu schwach, um selbst zu beten und zu glauben. Hier braucht es unbedingt Menschen und Freunde, die ihn zu Jesus tragen und für ihn beten und glauben (Markus 2,1–5). Als ich dieser Tage einmal sogar zu schwach zum Beten gewesen bin, war ich so dankbar, dass mein Mann für mich betete und in diesem Gebet ausdrückte, dass es jetzt nicht um meinen Glauben ginge, sondern dass er jetzt für mich glauben würde, dass Jesus jetzt bei mir sei und mir helfen würde. Das habe ich als trostreich und stärkend erlebt und das entlastete mich so sehr!

4.10.–20.11.2021

Keine großen Durchbrüche

Seit meinem letzten Eintrag sind wiederum einige Wochen ins Land gestrichen. Das lag daran, dass es mir weiterhin nicht wirklich besser ging und ich mich gefragt habe, was ich denn schon zu schreiben hätte, wenn sich keine großen Durchbrüche zeigten.

Doch es gab auch positive Dinge, die sich jedoch vom Gefühl her und dem Erlebnis nach noch nicht als besonders gut anfühlten, obwohl sie aber in ihrer Gesamtwirkung durchaus positiv waren. So hatte ich nach einer über einjährigen Suche nun endlich einen Therapieplatz bei einer Psychologin bekommen, was in mir ein Gefühl weckte, dass es nun endlich weiterging und hierdurch neue Hilfen und Perspektiven für mich entstehen durften. Die ersten Gespräche verliefen schon einmal sehr positiv und die Chemie zwischen der Therapeutin und mir schien zu stimmen. Nach einer Zeit der Diagnostik und Anamnese hatte meine Situation nun einen Namen bekommen: mittelschwere Depression! Dagegen hatte ich mich lange Zeit gesträubt, klangen doch Begriffe wie Burn-out oder Erschöpfung wesentlich gesellschaftsfähiger und nicht ganz so sehr nach Krankheit. Außerdem schwirrten immer noch solche Gedanken in meinem Kopf herum wie: „Ein guter Christ bekommt doch keine Depression, schließlich kann er alle Tiefen in seinem Leben mit Gottes Hilfe meistern und auch siegreich überwinden!“ Ich weiß nicht, warum manche Menschen trotz Glauben und Vertrauen in derartige Sackgassen geraten, doch auch Christen sind nicht vor allem bewahrt und müssen mit gewissen Herausforderungen leben. So hatte sogar unser großes Vorbild Paulus ein dauerhaft körperliches Leiden, das Jesus ihm auch nicht wegnahm, sodass er damit leben musste (2. Korinther 12,7). Oder von Timotheus lesen wir, dass er ein Magenleiden hatte.

Tabuthema „Kranke Seele“

Wenn unser Körper krank wird, nehmen wir das irgendwie hin, aber Krankheiten der Seele sind oft noch ein Tabuthema. Richtig schwierig wird es erst, wenn es um Medikamente für seelische Erkrankungen geht. Auch für mich war das bisher ein rotes Tuch. Therapie und andere Hilfen ja, so dachte ich, aber Medikamente auf gar keinen Fall bei seelischen Erkrankungen! Hatte ich doch von früher her Menschen im Kopf, die unter der Einnahme von Antidepressiva nicht mehr sie selbst waren und denen man das förmlich angesehen hatte. Oder man hörte von Nebenwirkungen wie Gewichtszunahme oder anderen Begleiterscheinungen, die man für sich tunlichst vermeiden wollte. Eine weitere Sorge war die Angst, dass man von den Medikamenten, einmal genommen, nicht mehr loskam. Meine Therapeutin konnte mir jedoch sehr schnell meine Ängste nehmen, indem sie sagte, dass die heutigen Medikamente wirklich sehr gut seien, man einem die Einnahme nicht ansähe und es überdies Medikamente mit einer sehr guten Verträglichkeit gäbe und man sie eben nicht sein Leben lang nehmen müsste, sondern man sie auch wieder ausschleichen könnte. Des Weiteren stellte sie mir die Frage, was denn aber hieran eigentlich so schlimm wäre, gesetzt dem Fall, man bräuchte sie zeitlebens? Wenn jemand ein Schilddrüsenleiden oder mit dem Blutdruck Probleme hat, würde er vermutlich auch sein ganzes Leben Medikamente einnehmen, weil seinem Körper damit einfach die Dinge zugeführt werden, die ihm fehlen. Und bei einer Depression ist es ja auch oft so, dass bestimmte Stoffe im Gehirn nicht ausreichend produziert werden und sie durch ein Medikament ersetzt werden müssen. Das leuchtete mir sehr ein und nahm mir meine Ängste und Vorurteile.

Neue Perspektiven helfen

Meine Therapeutin machte mir Mut, viele Dinge einfach zu tun, auch wenn sie mir in dem Moment noch gar nicht viel brachten oder sich nicht gut anfühlten, beispielsweise Sport. Sie ermutigte mich, die Dinge neu zu entdecken und auf neue Art zu erleben und zu fühlen. Eben nicht alles mit dem Gefühl von früher zu vergleichen und Dinge sein zu lassen, weil sie sich somit gerade nicht gut anfühlten. Mit diesem Tipp habe ich mich mutig für ein christliches Seminar von Birgit Schilling „Lebensplanung für Frauen“ angemeldet (was ich jeder Frau nur empfehlen kann, wenn sie darüber nachdenkt, was in Zukunft so für sie dran ist). Da ich mich nicht wirklich gut fühlte, war die Seminarteilnahme eine Herausforderung und zeitweise sehr anstrengend, doch es hat sich wirklich gelohnt: In mir formierte sich ein lang gehegter Wunsch einer konkreten Zukunftsperspektive. Natürlich müsste ich dafür wieder etwas gesünder sein, doch manchmal helfen neue Perspektiven und geben einem Mut und Kraft.

Des Weiteren fuhr ich auf eine Pastorenfrauen-Tagung unseres Gemeindeverbandes. Auch dort fühlte ich mich körperlich sehr angeschlagen, war jedoch im Nachhinein äußerst froh, dass ich das gemacht habe, weil ich viele tolle Begegnungen und wertvolle Gespräche hatte. Einige Frauen dankten mir später, dass es ihnen gutgetan habe, dass ich so offen und ehrlich meine Situation mit ihnen geteilt hätte, weil sie sich daraufhin ebenso getraut hätten, sich mit ihren Herausforderungen zu öffnen. In meiner Situation fühlte es sich ja gerade oft so an, als hätte ich nichts zu geben und sei nicht so richtig zu gebrauchen. Doch Gott kann auch oder vielleicht gerade solche schwachen Momente dazu nutzen, dass andere Menschen gesegnet werden. Das hat mich sehr ermutigt!

Zugleich finde ich es in Ordnung, wenn man einmal über eine Zeit hinweg Nehmender und nicht Gebender ist. In diesem Zusammenhang wurde mir neu das Bild aus Psalm 23 mit dem gedeckten Tisch deutlich. Gott ist Gastgeber und lädt uns an seinen Tisch ein. Der Herr des Himmels und der Erde bedient uns und tut uns etwas Gutes. Und dabei gibt es bestimmt nicht nur ein trockenes Brot, sondern eine reich gedeckte Tafel, die uns so richtig sprachlos macht. Ich bekam dieses Bild, als ich eines Morgens total verschlafen und fertig nach unten in unser Esszimmer kam und traurig darüber war, dass ich es gerade nicht hinkriegte, für die anderen den Tisch schön zu decken – und dass ich dann ganz überraschend auf Jesus traf, der eine Schürze umgebunden hatte, mich liebevoll ansah und zu mir sagte: „Mein Kind, setz dich an meinen Tisch. Es ist alles vorbereitet und es ist vollkommen in Ordnung, dass du gerade nicht die Dienende bist, sondern dass du von mir bedient wirst. Denn dazu bin ich gekommen, um meinen Kindern zu dienen, was ich damals mit der Fußwaschung meiner Jünger gezeigt habe."

Das war so tröstlich und nach langer Zeit mal wieder ein wirklicher Liebesbeweis von Jesus an mich!

Schwach zu sein, ist eine sehr herausfordernde Sache. Es bedeutet nämlich, zu akzeptieren, dass andere gerade das Rennen weiter- bzw.an dir vorbeilaufen, während du selbst gerade pausierst und nicht weißt, ob und wann du in dem Rennen wieder mitlaufen kannst. Es bedeutet, seine Vorstellungen abzulegen und sich komplett auf Jesus zu verlassen – hierbei auszuhalten, dass er einen anderen Zeitplan und vielleicht auch andere Wege hat. Es bedeutet, ruhig zu werden, sich zurückzunehmen und andere an mir dienen zu lassen. Es bedeutet zudem, „Ja" zur eigenen Situation zu sagen und sie anzunehmen. Eben nicht ständig damit zu hadern, was gerade nicht geht. Das alles ist ein sich täglich wiederholender Lernprozess und manchmal tut er ganz schön weh, aber es ist der einzige Weg, um aus der Situation „better" und eben nicht „bitter" hervorzugehen!

Dass mir das immer besser gelingen möge, wünschte ich mir von ganzem Herzen (neben dem Wunsch, dass Jesus doch noch ein Wunder tat und mich vollständig von jetzt auf gleich heilte)!

17.1.2022

Zugeständnis zur Schwachheit

Schwach zu sein, bedeutet: anzuerkennen, dass man Hilfe braucht!

Sich selbst zuzugestehen, dass man schwach ist, ist das eine. Aber es dann auch noch zuzulassen, dass man Hilfe bekommt, ist nochmals ein ganz anderer Punkt. Bedingt durch meine Prägung und mein mir angewöhntes Selbstbild, hatte ich ja immer den Anspruch, stark sein zu wollen und mein Leben möglichst ohne Hilfe von außen meistern zu können (außer der Hilfe von Gott natürlich!). Deshalb fiel es mir immer schwer, Hilfsangebote von anderen anzunehmen, weil das ja dann meinerseits ein Eingeständnis meines Unvermögens wäre. Doch mit der Zeit und meinem immer schwieriger werdenden Gesundheitszustand bröckelte dieses Bild gewaltig. Ich musste mich hinterfragen, warum ich es eigentlich so schwer fand, Hilfe anzunehmen. Ich musste verstehen, dass wir Menschen doch gar nicht dafür gemacht sind, unser Leben allein zu meistern. Und, ganz wichtig, dass es kein Zeichen von Schwäche ist, Hilfe zuzulassen, sondern ein Zeichen von gesunden Beziehungen und einem guten sozialen Umfeld, wenn man füreinander da ist und sich gegenseitig unterstützt! Im Afrikanischen gibt es ein Sprichwort, das mir immer gut gefallen hat, was mir aber schwerfiel, für mich selbst in Anspruch zu nehmen: „Um ein Kind zu erziehen, braucht es ein ganzes Dorf!" Früher war es normal, dass Menschen in mehreren Generationen zusammenlebten und das Leben und ihre Sorgen miteinander teilten.

Warum nur die Sonnenseite zeigen?

Doch heute versucht jeder, möglichst allein klarzukommen. Damit macht er es sich schwerer, als es sein müsste. Wir zeigen nach außen nur unsere guten Seiten – und wenn es uns schlecht geht, soll es möglichst niemand mitbekommen. Welche Tiefe könnten unsere Beziehungen gewinnen, wenn wir nicht nur die Sonnenseiten, sondern auch die dunklen Seiten miteinander teilen und bewältigen würden! Ich hatte mir vorgenommen, das immer weiter einzuüben, und manches Mal gelang es mir sogar schon im Kleinen.

Schwierige Akzeptanz: Medikamentöse Hilfe

Eine weitere Hilfe, die ich sehr schwer annehmen konnte, war die medikamentöse Hilfe. Ich hatte das bereits anklingen lassen. Und zugegeben, dass man mal eine Reha macht oder sich eine Zeit lang therapeutische Unterstützung holt, konnte ich mittlerweile gut akzeptieren und sogar als richtig und wichtig erkennen. Doch in puncto Tabletten (konkret: Antidepressiva) hörte es bei mir auf. Damit man diese Art von Hilfe in Anspruch nahm, also dafür müsste man ja wohl schon ganz weit unten sein und gar nicht mehr anders können. Und als Christ bräuchte man diese Krücke schon mal erst recht nicht. Das waren meine Gedanken darüber, bislang zumindest. Doch meine Situation jedoch lehrte mich einmal mehr eines Besseren. Also lernte ich, auch noch dieses letzte Fünkchen Scham beiseitezulegen und mich komplett schwach und hilfsbedürftig zu machen bzw. ja vielmehr zu verstehen, dass es gar nichts mit Hilflosigkeit zu tun hatte, sondern damit, dass es manchmal Prozesse und Zusammensetzungen in unserem Gehirn gab, die exakt diese Art der Unterstützung erforderlich machten. Wenn ich eine andere Krankheit habe, nehme ich ja ebenso alle erforderlichen Medikamente ein, die mir da helfen. Warum sollte ich dann nicht auch meiner Seele das geben, was ihr hilft, wieder gesund zu werden? Eines kann ich heute sagen als ganz wichtige Empfehlung: Es ist egal, wie du geprägt bist, was für Gedanken du hast oder welche Dinge dir dein Umfeld einredet. Wichtig ist, dass du den Weg findest, der dir hilft und dich weiterbringt! Und nichts, aber auch gar nichts davon hat etwas mit Schwäche zu tun, sondern zeugt im Gegenteil von Stärke, dass du in der Lage bist, dir die Hilfe zukommen zu lassen, die du gerade in dieser Situation brauchst!

Happy End blieb bislang aus

Meine Geschichte ist (bis jetzt) nicht die Erfolgs- und Happy-End-Geschichte geworden, wie ich sie mir zu Beginn meines Sabbatjahres erträumt hatte. Doch sie ist auf anderen Ebenen eine Erfolgsstory, weil ich immer mehr gelernt habe, auch die durchlebten Täler als zum Leben zugehörig zu betrachten – und mich in diesen zu bewähren, weil ich verstanden habe, dass Gott trotzdem ein guter, liebevoller Vater ist, auch wenn ich ihn nicht fühlen, nicht verstehen sollte oder er so ganz anders handeln sollte, als ich es mir vorgestellt hätte. Und dass ich nichts falsch gemacht habe und kein schlechterer Christ bin, wenn mir so etwas im Leben widerfährt. Mein Bild von Gott ist größer, weiter und ganzheitlicher geworden und meine Beziehung zu ihm ist ehrlicher, intensiver und nicht nur auf die „Wundererlebnisse“ beschränkt. Ich habe noch einmal ganz neu verstanden, wie abhängig ich von ihm bin und dass ich nichts, wirklich gar nichts, ohne ihn schaffe! Ich habe mich selbst neu kennengelernt – mit meinen Gaben, Persönlichkeitsmerkmalen, aber auch mit meinen Begrenzungen. Beständig lerne ich, wie ich immer besser zu diesen Dingen stehen und für sie einstehen kann. Ich bin Menschen gegenüber ehrlicher geworden und zeige nicht mehr nur die starke, sondern zunehmend ebenso die verletzliche Daniela. Außerdem habe ich ein viel größeres und weiteres Herz für die Nöte und Herausforderungen meiner Mitmenschen bekommen und bin dafür sensibilisiert worden, ihnen nicht mit schnellen Antworten oder frommen Floskeln zu kommen, sondern ihnen mit Mitgefühl, Verständnis, Geduld und Zeit zu begegnen. Ich möchte mit ihnen ihre Not aushalten, sie nicht klein- oder wegreden, und diese Not gemeinsam mit ihnen vor Jesus bringen. Ich möchte mit ihnen lachen und weinen, Gott gemeinsam mit ihnen danken, aber ihm die ehrlichen Fragen und Zweifel ganz ebenso bringen.

Am Glauben festhalten

Ob meine Geschichte irgendwann noch ein richtiges „Happy End" haben wird, kann ich nicht sagen. Ich glaube nach wie vor an Heilung und an ein Wunder und möchte diesen Moment erwarten, aber gleichzeitig nicht bitter darüber werden und verzweifeln, wenn es (noch) nicht so weit sein mag oder sich gänzlich anders entwickelt. Neulich hat mir jemand erzählt, dass er einen „Dennoch-Glauben" habe. Das hat mich sehr angesprochen und ich fand es für mich sehr passend:

Dennoch möchte ich mein Vertrauen und meinen Glauben an Jesus und auch an das Schöne und Gute im Leben nicht verlieren!

Und das, lieber Leser, liebe Leserin, wünsche ich dir auch! Dass du trotz aller Fragezeichen und dunklen Situationen an Gott festhältst bzw. dass du dich eventuell auch zum allerersten Mal an diesen Gott der Bibel wendest, der es gut mit dir meint, der einen Plan mit dir und deinem Leben hat, selbst wenn es manchmal nicht so aussehen oder es sich nicht so anfühlen mag! Ich habe mal gehört, dass Heilung auf drei verschiedenen Ebenen stattfinden kann:

1. Sofort,
2. in einem Prozess und
3. im Himmel bei Gott!

Spätestens dort wird er einmal alle Tränen abwischen und es wird kein Leid und keine Krankheiten und keinen Tod mehr geben (Offenbarung 21,4–5)! Wow, wie muss das sein! Hast du dir deine Wohnung dort schon „reserviert“ (Johannes 14,2)? Wenn nicht, kostet es dich nur ein Gebet, wie schon im Buch auf Seite 95 beschrieben.

Was ich dir wünsche

Ich wünsche dir Gottes Segen und das gute Leben, was Gott sich für dich ausgedacht hat! Halte durch und gib nicht auf!

Ich würde mich freuen, von dir und deiner Geschichte zu hören, deshalb schreib mich doch gern an unter danny.gies3@gmail.com! Und noch was: Mach dir keinen Kopf, dass mich das irgendwie überlasten könnte. Vielmehr freue ich mich wirklich über jede Rückmeldung, also schreib mir ganz unbesorgt.

Zum Schluss möchte ich noch ein paar Tipps weitergeben, die sich in meiner Situation als hilfreich erwiesen haben. So hoffe ich, dass das ein oder andere für dich mit dabei sein wird! Und ich wünsche Dir Gottes Segen!

Deine Daniela

Anhang

7 Survival-Tipps

1. Dinge, die wichtig sind, um für dich selbst zu sorgen und Grenzen zu setzen:

- Darüber beten, überlegen und aufschreiben: Welche Tätigkeiten/Personen geben mir Kraft und welche „rauben" mir Kraft?
- Wie kann ich dafür sorgen, dass die Dinge, die mir guttun, in meinem Alltag Platz finden?
- Welche Aufgaben/Beziehungen, die mir nicht guttun, muss ich aufgeben (ehrlich sein!)?
- Schlafe ich genug (sieben bis acht Stunden pro Nacht), bewege ich mich genug, ernähre ich mich ausgewogen?
- Habe ich regelmäßig meine Zeiten mit Gott (Bibellesen/Gebet/Stille Zeit)?
- Wie ist es um die kreative und musische Seite in mir bestellt?
- Wie gehe ich mit auftretenden Konflikten um?
- Formuliere und vertrete ich meine Grenzen gegenüber anderen Menschen?
- Kann ich zu Anfragen und Aufgaben „Nein" sagen (bete und schlafe ich darüber)?

- Gibt es bei mir eine gute Balance zwischen Arbeit, Familie und Freizeit? Kann ich „ruhen“, Sabbat halten? Bin ich ausgelastet, überlastet oder unausgelastet? Wie schätzen das die engsten Personen in meinem Umfeld ein?
- Lebe ich in der für mich von Gott gegebenen Berufung und „in den Werken, die er vorbereitet hat“?

2. Was ich dir rate, wenn du in einer Krise steckst:
In einer Krise bist du drin, wenn du über einen längeren Zeitraum von mehreren Wochen/Monaten traurig, niedergeschlagen, müde und erschöpft bist. Mach dann das Folgende:

- Bete und bitte Gott, dir zu zeigen, was bei dir los ist!
- Mach eine Bestandsaufnahme von deiner Situation, schreibe auf, wie es dir geht, was du denkst und fühlst!
- Sprich mit deinen dir nächsten Menschen ehrlich darüber, wie es dir geht (Partner/Ehemann, beste Freunde, Familie ...)!
- Mach dir einen Termin bei deinem Hausarzt und schildere ihm deine Symptome!
- Suche dir einen Seelsorger, christlichen Berater oder Therapeuten!
- Suche bei Bedarf einen Facharzt auf!
- Überlege mit deinem Arzt, Seelsorger, christlichen Berater oder Therapeuten einen Therapieplan!
- Nimm dir gegebenenfalls eine Auszeit (ein freies Wochenende, ein Sabbatjahr, eine Kur/Reha)!
- Wenn es einen Plan gibt, sprich mit deinem Chef, deiner Chefin, deinen Arbeitskollegen und mit den Leuten aus

deiner Gemeinde oder solchen, mit denen du im Hauskreis bist oder mit denen du einen Dienst in der Gemeinde tust!

- Lass über dir beziehungsweise für dich beten (Ältestengebet nach Jakobus 5,14: „Wenn jemand von euch krank ist, soll er die Gemeindeleiter zu sich rufen, damit sie für ihn beten und ihn im Namen des Herrn mit Öl salben"; Hoffnung für alle)!
- Lege konkrete Schritte fest, die du in deinem Alltag umsetzen möchtest, und dann such dir jemanden, der diese Schritte mit dir geht und reflektiert (hier sind keine Fachleute gemeint)!

3. Innere Antreiber und Lügen:
Entlarve innere Antreiber und Lügen, die dich ausbremsen wollen. Beispielsweise könnten diese wie folgt lauten:

- „Du musst stark sein, damit andere nicht schlecht von dir denken!"
- „Deine Bedürfnisse und Grenzen sind nicht so wichtig wie die der anderen!"
- „Wenn du nur genug glaubst, musst du gar nicht schwach sein. Mit Gott allein kannst du alles schaffen!"
- „Belange in der Gemeinde sind wichtiger als private Dinge – ‚Trachtet zuerst …'!" (Matthäus 6,33)
- „Du musst stark sein, weil du ein Vorbild (für deine Kinder, Junge im Glauben etc.) bist!"
- „Schwäche ist ein Zeichen von Instabilität und Krankheit!"
- „Eine Therapie, Kur oder Medikamente sind ein Zeichen von Kapitulation oder zu wenig Glauben!"

4. Wenn dir die Freude abhandengekommen ist:

- „Die Freude am Herrn ist meine Stärke!" (das habe ich mir zu eigen gemacht nach Nehemia 8,10) – setz dich Gottes Gegenwart aus, mache oder höre Lobpreis, lies mutmachende Bibeltexte (z. B. die Psalmen), erinnere dich an die guten Dinge, die Jesus schon in deinem Leben getan hat!
- Mach etwas Schönes mit deinem Partner/Ehemann, mit deinem Freund, deiner Freundin …!
- Schau dir einen lustigen Film an, lies dir Witze durch!
- Tanke Vitamin D und mach kleine Spaziergänge!
- Gib dir Zeit und hab Geduld mit dir! Etwas, was sich über einen langen Zeitraum aufgebaut hat, braucht seine Zeit, bis man es wieder loswerden kann (es sei denn, Gott bewirkt ein Wunder, was er natürlich jederzeit tun kann)! Deshalb: Überfordere dich nicht und geh einen Schritt nach dem anderen (selbst wenn du zwischendurch Rückschritte machen solltest) und setze dir kleine, erreichbare Ziele!
- Feiere kleine Erfolge!
- Suche dir Verbündete, denen es ähnlich geht wie dir. Tauscht euch über eure Erfahrungen aus und betet mit- und füreinander!

5. Sieh dir die Vorteile deiner Situation an:

- Du hast die Chance, mehr und mehr zu der Person zu werden, als die Gott dich gedacht hat!
- Deine Freundschaften und Beziehungen können eine neue Ebene der Reife erreichen, weil du zu dem stehst, was dir

wichtig ist, und du nicht nur nach dem Mund des anderen redest!

- Du wirst sensibler für die Bedürfnisse und Begrenzungen anderer!
- Du kannst irgendwann einen Blick und Empathie entwickeln und womöglich Menschen helfen, die am Anfang eines solchen Prozesses stehen!
- Du lebst gesünder, weil du besser auf die Signale deines Körpers und deiner Seele achtest!
- Deine Beziehung zu Jesus bekommt eine neue Tiefe, weil du ihn mehr in deine Gedanken und Überlegungen einbeziehst!

6. Wie du Selbstfürsorge und Egoismus voneinander unterscheiden kannst:

Selbstfürsorge bedeutet, dafür zu sorgen, die Dinge zu tun, die dir guttun, und Dinge, die dir schaden oder dich sogar krank machen, zu lassen. Dies ist kein Freibrief, nur noch die Dinge zu tun, die du möchtest, oder die Wünsche und Bedürfnisses deines Gegenübers zu übergehen. Oder Entscheidungen nur noch aus dem „Bauch" heraus zu treffen, getreu dem Motto: „Dieses fühlt sich gut an, also tue ich es, jenes fühlt sich nicht gut an, also lasse ich es."

Im christlichen Glauben ist Nächstenliebe ein sehr hoher Wert. Natürlich müssen wir auch uns selbst lieben, gut für uns sorgen, damit wir überhaupt in der Lage sind, für andere da zu sein. Aber eben nicht auf eine egoistische, selbstverliebte Art und Weise, die nur noch an uns selbst denkt und den anderen dabei aus dem Blick verliert.

Gott ist ein Beziehungswesen. Er hat uns in Gemeinschaft geführt und wünscht sich, dass sich jeder innerhalb einer Gruppe um den anderen kümmert und dass jeder seinen von ihm gedachten Platz einnimmt. Wichtige Eigenschaften von ihm sind Treue und Verbindlichkeit. Er steht zu dem, was er gesagt hat. Und er steht zu uns Menschen, selbst wenn wir versagen sollten oder ihm untreu sind. Eben weil ihn das auszeichnet, wünscht er sich ebenso von uns Treue und Verbindlichkeit („Euer Ja sei ein Ja und euer Nein sei ein Nein!" – Matthäus 5,37). Das beinhaltet auch, dass er uns die Freiheit einräumt, zu etwas oder jemandem „ja" oder „nein" zu sagen, aber am Ende auch zu unserer Entscheidung zu stehen! Es sei denn, Krankheit oder eine andere nicht auszuhaltende (Erschöpfung) oder nicht vorhersehbare Situation (Krankheit in der Familie) machen dies nicht möglich!

7. SOS für eine akute Notfallsituation:
Was kannst du tun, wenn du dich mit einer Situation oder Person überfordert fühlst und es dir gerade überhaupt nicht gut geht?

- Atme mehrmals tief ein und aus!
- Versuche dich auf die Dinge um dich herum zu konzentrieren und Angstgedanken keinen Raum zu geben!
- im Hier und Jetzt zu sein und verliere dich nicht in angstmachenden Gedanken!
- Schicke ein Stoßgebet zum Himmel!
- Verlasse kurz – oder wenn nötig ganz – die Situation oder Person!
- Wenn du dich beruhigt hast, reflektiere in Ruhe das, was da gerade mit dir passiert war!
- Überlege, welche nächsten Schritte zu unternehmen sind!

- Suche das Gespräch mit der betreffenden Person, also dem Konfliktpartner, vielleicht sogar mithilfe einer dritten neutralen Person zur Unterstützung im Gespräch!

Sei gesegnet und behütet und von Gottes Schutz und der Nähe von Jesus Christus umgeben!

Nachwort

Wie es mir heute geht:

Inzwischen geht es mir deutlich besser als zu der Zeit, in der ich dieses Buch geschrieben habe. Dennoch ist mein Zustand immer noch brüchig und noch nicht so konstant, wie ich mir das wünschen würde – dies vor allem mit Blick darauf, wieder einmal eine Erwerbstätigkeit aufnehmen zu können.

Den Rhythmus und die Strukturen, die ich mir in meiner akuten Krankheitsphase angewöhnt habe, versuche ich weiterhin zu leben. Hier merke ich sofort, dass es mir schlechter geht, sobald ich diese nicht berücksichtige und wieder über meine Grenzen hinausgehe.

Wenn Jesus mich nicht komplett heilt, wird das wahrscheinlich auch ein lebenslanger Prozess sein, in für mich gesunden Grenzen zu leben und mit meinen Kräften zu haushalten.

Mittlerweile habe ich einige Ämter in der Gemeinde wieder übernommen beziehungsweise ebenso neue Aufgabenfelder für mich entdeckt. So habe ich zum Beispiel eine Leihbücherei eröffnet und veranstalte außerdem einen Leseclub, in dem ich mit Mamas aus unserer Gemeinde ein christliches Erziehungsbuch lese und wir im Anschluss über das Gelesene sprechen. Zudem mache ich jetzt beim Moderationsteam des Gottesdienstes mit. Den Bereich der Arbeit mit Kindern hatte ich ja komplett abgegeben und bin dort auch nicht wieder eingestiegen, weil ich das Gefühl hatte, dass diese Zeit für mich vorbei ist. Außerdem begleite ich ehrenamtlich einmal pro Woche ein Kind im Vorschulprogramm des Kindergartens. Ich kann mir jedoch zum jetzigen Zeitpunkt nicht vorstellen, wieder klassisch als Erzieherin zu arbeiten.

Mein Wunsch, in unserer Gemeinde als Gemeindediakonin angestellt zu werden, hat sich bislang nicht erfüllt. Es sieht auch nicht danach aus, dass das in unserer jetzigen Gemeinde in naher Zukunft eine Option sein könnte.

Doch Gott macht gerade andere Türen auf, über die ich mich auch sehr freue. Zum Beispiel habe ich jetzt erste Anfragen, als Rednerin auf Veranstaltungen für Frauen zu sprechen, was sich zudem gut mit dem Herauskommen dieses Buches verknüpfen ließe.

In meinem derzeitigen Zustand ist es jedenfalls hilfreich, mir Aufgaben frei einteilen zu können, je nachdem, wie viel Kraft mir zum jeweiligen Zeitpunkt zur Verfügung steht, anstatt fest angestellt zu arbeiten.

Innerlich fällt es mir manchmal schwer, in der Gemeindearbeit wieder so voll drin zu sein, weil ich oft erneut mit alten Verhaltensweisen und Denkmustern konfrontiert bin und dann in der Gefahr stehe, mich wieder zu verausgaben und innerlich zu viel Verantwortung zu tragen.

Doch ich bin noch in therapeutischer Begleitung und reflektiere dort regelmäßig meinen Zustand und schaue dann, was mir gut- oder eben nicht guttut.

Viele Muster fallen mir mittlerweile sogar selbst auf und ich erinnere mich dann, wie ich damit jetzt eigentlich umgehen möchte.

Hin und wieder hadere ich damit, dass mein Zustand noch nicht konstant stabil ist. Andererseits freue ich mich ebenso an allem, was schon wieder geht und danke Gott, dass er mich bis hierher begleitet und mich nie im Stich gelassen hat!

In diesem Sinne schaue ich vertrauend und hoffnungsvoll in die Zukunft mit dem Motto im Hinterkopf: 70 ist mein neues 100! 😉

Mein Dank gilt …

… zuerst Gott! Er hat mich zu keiner Zeit losgelassen, meine Zweifel, Fragen und Klagen ausgehalten und mir immer wieder seine Liebe gezeigt.

… meinem Mann und meinen Kindern. Sie haben in den schweren Zeiten zu mir gehalten, so manche Entbehrungen auf sich genommen und mir trotzdem nie das Gefühl gegeben, eine Last oder nicht geliebt zu sein.

… meinen Freunden und meiner Familie. Sie waren da, haben mich nicht mit schnellen Antworten abgefertigt und immer wieder für mich gebetet.

… den Menschen in meiner Gemeinde. Sie haben mir alle Zeit gegeben, gesund zu werden, und mich nicht unter Druck gesetzt.

… meinen Seelsorgern und meiner Therapeutin, die mir mit ihrem Glauben und ihrem Fachwissen kompetent weitergeholfen haben.

… dem Verleger David Neufeld, der mir alle Unterstützung gab, die ich brauchte. Die Zusammenarbeit war wirklich klasse!

… der Lektorin Diana Schmid. Sie hat meine Geschichte und Persönlichkeit verstanden und mit ihrem Lektorat das Buch veredelt.

… den Spendern, die dieses Buchprojekt möglich gemacht haben.

… der „Gelb-A-Gruppe", die ich während meiner Reha-Zeit kennenlernte und mit der ich so manches Leid, aber auch viel Freude teilen durfte.

Über die Autorin

Daniela Gies, Jahrgang 1980, ist verheiratet mit Benjamin, Pastor, und Mutter von drei Töchtern.

Im Bergischen Land aufgewachsen, lernte sie schon früh, mit Jesus in einer persönlichen Beziehung zu leben.

In ihrer Heimatgemeinde, in der ihr Vater der Pastor war, arbeitete sie in verschiedenen Bereichen mit. Vor allem die Arbeit mit Kindern prägten stark ihre ersten Jahre. Daher empfand sie es als stimmig, später eine Ausbildung zur Erzieherin zu machen.

Nach ihrer Hochzeit im Jahr 2001 besuchte ihr Mann eine Bibelschule. In dieser Zeit machte sich Daniela Gies als Tagesmutter selbstständig. Nachdem ihr Mann Pastor wurde, brachte sie sich vollumfänglich in die Gemeindearbeit in Kleve an der niederländischen Grenze ein.

Sie liebt es, Bücher zu lesen, zu schreiben, Freundschaften zu pflegen und Zeit mit ihrer Familie zu verbringen.

Seit 2022 bloggt sie unter www.wunder-wahnsinn.de und lebt damit ihren Herzenswunsch, nämlich Menschen in ihren alltäglichen Herausforderungen zu ermutigen und in ihrem Glauben an Jesus Christus zu fördern.

Literaturangaben

Zitate im Buch entstammen folgenden Büchern:

Conolly, Jess & Morgan, Hayley: *Geliebt mit allen Ecken und Kanten*, Gerth Medien

Garlough, Brown Sharon: *Spuren deines Lichts*, Gerth Medien

Löwen, Anne: *Unendlich wertvoll – Sofapausen für junge Mamas*, Brunnen Verlag

Schulte, Elena: *In die Weite leben*, SCM R. Brockhaus

Sjödin, Tomas: *Warum Ruhe unsere Rettung ist*, SCM R. Brockhaus